·学术规范与研究方法丛书·

学位论文写作与学术规范

（第二版）

李武　毛远逸　肖东发　著

图书在版编目(CIP)数据

学位论文写作与学术规范 / 李武,毛远逸,肖东发著. —2 版. —北京:北京大学出版社,2020.4
(北大高等教育文库. 学术规范与研究方法丛书)
ISBN 978-7-301-31296-4

Ⅰ.①学… Ⅱ.①李… ②毛… ③肖… Ⅲ.①学位论文–写作 Ⅳ.① G643.8

中国版本图书馆 CIP 数据核字(2020)第 040641 号

书　　名	学位论文写作与学术规范(第二版) XUEWEI LUNWEN XIEZUO YU XUESHU GUIFAN(DI-ER BAN)
著作责任者	李　武　毛远逸　肖东发　著
丛书主持	张亚如
责任编辑	张亚如
标准书号	ISBN 978-7-301-31296-4
出版发行	北京大学出版社
地　　址	北京市海淀区成府路 205 号　100871
网　　址	http://www.pup.cn　新浪微博:@北京大学出版社
微信公众号	通识书苑(微信号:sartspku)　科学元典(微信号:kexueyuandian)
电子邮箱	编辑部 jyzx@pup.cn　总编室 zpup@pup.cn
电　　话	邮购部 010-62752015　发行部 010-62750672 编辑部 010-62753056
印　刷　者	大厂回族自治县彩虹印刷有限公司
经　销　者	新华书店
	650 毫米 ×980 毫米　16 开本　13.25 印张　150 千字 2009 年 4 月第 1 版 2020 年 4 月第 2 版　2024 年 9 月第 9 次印刷
定　　价	45.00 元

未经许可,不得以任何方式复制或抄袭本书之部分或全部内容。
版权所有,侵权必究
举报电话: 010-62752024　电子邮箱: fd@pup.cn
图书如有印装质量问题,请与出版部联系,电话: 010-62756370

图书简介

呈现在你面前的，是一本"短小精悍"的学位论文写作指导手册。"麻雀虽小，五脏俱全"，本书结合作者自身撰写和指导学生撰写学位论文的经历，向你介绍完成一篇学位论文的完整流程和注意事项。前三章属于准备阶段，包括了解学位论文及其相关准备工作。第4章至第8章大致对应研究和学位论文写作的基本步骤，包括确定选题、选择方法、收集数据、分析数据和撰写论文。应该说，学术规范贯穿于整个研究流程，因此，除了研究伦理之外，本书还重点与你分享与写作规范相关的内容（第9章）。另外，书后提供了一篇论文范文和答辩的注意事项（附录1和附录2）。本书力求让你读完后做到"心中有数"，不再畏惧学位论文写作。

目 录

第1章 开宗明义：写作入门 1
   1.1 什么是学位论文 1
   1.2 为什么要写学位论文 8
   1.3 怎样写好学位论文 9

第2章 有备无患：准备工作 12
   2.1 选择合适的导师 12
   2.2 管理好你的时间 18
   2.3 评估研究和写作能力 22

第3章 做事做人：研究伦理 25
   3.1 数据采集阶段 28
   3.2 数据分析阶段 31
   3.3 论文写作阶段 33

第4章 "有的放矢"：确定论文选题 39
   4.1 什么是好的选题 40
   4.2 怎么找到好的选题 45

第 5 章 "先利其器"：选择研究方法 ... 60
5.1 了解量化方法的优缺点 ... 60
5.2 了解质化方法的优缺点 ... 71
5.3 如何选择合适的研究方法 ... 77

第 6 章 "可炊之米"：收集研究数据 ... 84
6.1 科学抽样 ... 85
6.2 精确测量 ... 94

第 7 章 "用数据说话"：开展数据分析 ... 106
7.1 常用的数据分析方法 ... 107
7.2 数据分析的注意事项 ... 119

第 8 章 "洋八股"体例：撰写学位论文 ... 125
8.1 如何撰写"题要词" ... 127
8.2 如何撰写引言 ... 130
8.3 如何撰写文献综述 ... 131
8.4 如何撰写研究方法 ... 134
8.5 如何撰写研究结果 ... 135
8.6 如何撰写讨论 ... 136
8.7 如何撰写结论 ... 138
8.8 如何撰写其他部分 ... 138

第 9 章 无规矩不成方圆：注重写作规范 ... 142
9.1 数据呈现规范 ... 143
9.2 引文著录规范 ... 152

附录 1 论文实例 网络游戏作弊行为及其发生机理的实证研究 ... 166

附录 2 行百里者半九十：关于论文答辩的建议 ... 189

参考文献 ... 199

后　　记 ... 201

第1章
开宗明义:写作入门

1.1 什么是学位论文

1.1.1 学位论文的概念和种类

亲爱的读者,很高兴与你见面。既然你已经翻开此书,那么你很可能是一名在读的本科生或研究生,需要完成学位论文的写作。曾有人戏称,"世界上最遥远的距离,就是从论文标题到参考文献之间的距离"。学位论文成为不少同学的"老大难",本该是对自己学习阶段和研究成果的"总结",却成了令人头疼的"浩劫"。

可能有很多原因造成学位论文的写作恐慌。在整个过程中,你可能会遇到各种各样的困难和瓶颈。但我们希望你能够明白,只要方向正确,并保持严肃认真的态度,你完全可以克服撰写学位论文的任何阻碍。"没有过不去的坎儿",这句俗话同样适用于学位论文写作。

既然注定要踏上学位论文写作的征程，那么不妨首先了解什么是学位论文。按照国家标准 GB 7713—1987《科学技术报告、学位论文和学术论文的编写格式》中的定义，学位论文是用于申请相应学位的学术论文，其主要内容是作者在所从事的研究中取得的创造性结果或新见解。简言之，学位论文就是我们为了取得学位所提交的学术论文。

由于属于学术论文，学位论文必须是专门对学科领域（包括自然科学、社会科学和人文艺术领域）中某一问题或现象加以分析和探讨的文章。这意味着，不是所有的文体都符合学位论文的要求，学位论文应当是学术研究或学术活动的结晶。需要说明的是，本书的观点主要针对社会科学领域的学位论文写作，在举例时多以作者熟悉的新闻传播学、图书情报学和编辑出版学等学科为例。和其他类型的学术论文相比，学位论文有其特殊性。比如，不同于期刊论文和会议论文等，学位论文并不以发表或公开出版为主要目标，有些学位论文甚至还有保密的要求。不过随着各高校图书馆对这类文献资源的重视，以及众多学术资源网站的发展，我们检索和获取学位论文也越来越方便了。

按照所要申请学位的不同，学位论文可以分为三个不同的层次：本科学位论文、硕士学位论文和博士学位论文。不同层次的学位论文在形式和内容上有不同的要求。让我们用著名数学家华罗庚先生的一个巧妙的比喻来说明这三种学位论文的不同。如果我们把求学比作打猎，那么在本科阶段，我们主要是学习已经被验证的知识，即学会如何找到一只"死兔子"；在硕士阶段，导师会提示你在哪里是可以打到兔子的，通过导师的指导和自己的钻研，你需要自己努力抓获一只"活兔子"；在博士阶段，导师只能告知你有打猎成功的可能，你需要更加独立地去摸索狩猎的范围，然后以更加高超和精深的技巧去追捕这只更难抓到的兔子。而学位论文，其实就相当于你的打猎成果。

在初步了解学位论文的概念和种类之后，你还需要进一步熟悉它的属性和特征，这样对学位论文的把握才会更加立体、全面。

1.1.2 学位论文的属性和特征

（1）科学性

既然学位论文应当是学术研究的产物，那么，论文的整个写作过程必须严格遵循学术研究的步骤和流程，符合学术研究的要求和规范，体现学术研究的准则。这是学位论文科学性的体现和要求。以社会科学为例，社会科学研究的两大支柱是逻辑和观察，意即对世界的理解必须言之成理，并符合我们的观察。体现在学位论文的写作上，就是指学位论文必须采用科学的方法和手段，探索客观现象，收集数据，进行量化分析或质化分析，以合乎逻辑的论证去分析、解释现象，或预测现象的未来发展趋势。

对有些同学来说，学位论文是学生阶段第一次（可能）也是最后一次科研活动。由于缺乏研究经验和论文写作经历，不少同学都免不了犯一些明显的错误。比如，在运用观察法的时候，有些同学的"观察"是相当随意的。事实上，观察法作为一种资料收集方法，需要我们明确要研究的某个行为及其操作化定义，同时确定测量标准并予以准确记录。许多同学说自己的毕业论文采用了观察法，但研究步骤既不完整，也不严谨，让学术论证变成了主观臆断，这就违背了学位论文的科学性。这样的例子还有很多，比如量化研究中量表选取不当、统计方法误用……除去经验不足的原因，找工作、实习等因素也让不少同学在和时间的赛跑中顾此失彼，导致学位论文不符合科学性要求，出现严重的问题，最终影响学位的获得。

（2）创新性

我们应该意识到，学术研究的灵魂在于洞察新现象和探索新知识。学位论文不仅要具有科学性，而且应当体现创新性。在我们看来，学位论文的创新性体现在研究选题、研究视角、研究方法和研究结果中的任何一个方面或多个方面。创新可以是具有颠覆性的变革，也可以是局部的变化。对于任何有别于已有研究的论文，如果这种变革或变化是有意义的，我们就可以认为这篇学位论文具有一定的创新性。

就字面意义而言，创新性就是创造出新的东西。那么在学术研究中，创新主要指什么呢？一般认为，学术研究的创新有三种情况：一是已有研究没有探究过的，如果你能够在这个空白的研究领域中有所推进，那么这种开创性和奠基性的工作自然就是一种创新；二是前人已经做过研究，但是你认为其结论需要进一步验证，因此你通过研究将前人的结论进一步修正，这也是一种创新；三是前人的研究已经得到验证，但你在其基础上，又增添了独到的、新的东西，这样的推进和发展也属于创新的范畴。学术研究归根结底是一项创造性活动，因此，学术研究的核心就在于创造性思维。

专栏1.1 学位论文如何体现创新性

在这里，我们给出几种能够较好体现学位论文创新性的做法，供你参考。

（1）"旧瓶装新酒"，即用传统的方法或理论研究新议题。我们以"议程设置理论"为例介绍这种创新方式。"议程设置理论"是新闻传播学中最为经典的理论之一。麦考姆斯（Maxwell McCombs）和肖（Donald Shaw）在美国总统选举阶段，采用问卷调查法询问受众认为重要的话题，并将议题按照被访者提及频数的百分比进行排序；他们同时采用内容分析法对报纸等媒介进行统计，同样对不同议题提及频数的百分比进行排序。数据分析发现二者有很强的相关性，并由此得出结论：媒介议程可以显著影响公众议程，即媒介可以有效地决定人们想什么。[1]议程设置理论针对的是传统媒体中的报纸，在网络新媒体高度发达的今天，新媒体能不能起到议程设置的作用？因此我们完全可以将社交媒体等新的媒介形式纳入考察的范围[2]，去检验新媒体是否具有和传统媒体类似的议程设置作用。这就启示我们可以从生活中挖掘新的研究话题，并用传统的理论或方法进行分析。

（2）"新瓶装旧酒"，即用全新的方法或理论研究老议题。"沉默的螺旋"是非常经典的传播学理论，它描述了这样一种现象：当人们意识到自己的观点和主流观点一致时便更倾向于积极表达，而当发现自己的观点很少得到赞同时就会倾向于不发表观点，这样便会形成一方声音越发强大，而另一方不断沉默的局面。这个理论最早由德国学者诺埃尔-诺依曼（Elisabeth Noelle-Neumann）提出，她通过梳理德国大选中的民意调查得到这个理论。其关键概念为两点，一是人们"害怕被孤立"的恐惧心理，二是人们对"意见气候"（即自己所处环境中的意见分布状况，包括现有意见和未来可能出现的意见）的判断。有学者沿袭"沉默的螺旋"议题，别出心裁地使用了在这一理论中较少运用的"控制实验法"，试图探究在社交媒体环境中"沉默的螺旋"是否存在。他们将意见气候分为三组，分别是

---

[1] 麦克斯韦尔·麦考姆斯, 郭镇之, 邓理峰. 议程设置理论概览：过去, 现在与未来[J]. 新闻大学, 2007(3)：55-67.
[2] 郗艺鹏, 罗海娇. 媒介议程与公众外显议程的网络关联性研究——基于第三级议程设置理论[J]. 新闻界, 2018(12)：74-82.

"无主流意见""自己观点与主流意见气候一致"以及"自己观点与主流意见气候相反"这三种情景，检验用户发表意见意愿的差异。他们同时在研究中测量了"恐惧程度"等变量以进行分析。研究整体上颇具新意地探究了"沉默的螺旋"这一经典议题。[①]

（3）"新瓶装新酒"，即利用全新的方法或理论研究新议题，这是最具创新性的一种形式。利用新颖的方法或手段，去解决实践发展所带来的新问题。在计算机领域快速发展的时代，建立在数据挖掘基础上的"大数据"为学术研究带来了新的机遇和挑战。对于传播学研究来说，大数据不仅提供了新的研究思路、研究框架，它本身也是一种新的研究工具。很多学者就巧妙地将其运用于新议题的研究中。健康传播是一个新的研究领域，其中医患关系备受学界关注。有学者就利用将大数据与中国社会状况综合调查（CSS）数据相结合的方法对这一问题进行了探究。[②]他们首先利用网络爬虫技术以及新闻库资源，对近两年的新闻文本进行了抓取，收集了所有关于"医患双方"的新闻报道，然后通过对文本进行情感分析、点击量统计、评论数统计等操作，探明了新闻报道的主要特征以及网络新闻读者的阅读偏好。同时，他们还对CSS数据中的网络新闻浏览频率、医疗不安全感等关键变量进行了统计分析，进一步探究了新闻阅读对医患关系感知的影响。

[①] 李琪，王璐瑶. 社交媒体环境中不同意见气候条件下的沉默螺旋效应研究[J]. 软科学，2017，31(8): 95-98.
[②] 郝龙，王志章. 互联网负面新闻偏好对患方信任的影响——基于网络新闻大数据与CSS2013的实证研究[J]. 学术论坛，2018，41(4): 38-47.

（3）规范性

一方面，学位论文与期刊论文或会议论文一样，需要遵守基本的学术规范。不剽窃、不抄袭他人的研究成果，不伪造数据、报告等研究资料，这是底线。目前，教育部已经出台了相关措施，规定学位授予单位要对参与购买、代写学位论文的学生给予开除学籍处分。这条红线绝对不能触碰。

另一方面，我们也需要注重学位论文的写作规范。比如在具体的写作中，文字、数字和标点等细微之处都需要认真对待，一定不能马虎，因为这些问题无关乎能力，只取决于写作者的态度。在论文答辩中，被发现文中存在错别字和标点错误会给人留下不认真、不严谨的印象，对评审结果产生不利影响。另外，学位论文的写作必须符合学位授予单位所制定的学位论文规范要求，按照一定的格式来安排论文的各个组成部分，同时按照所规定的著录格式规范地标注参考文献、撰写注释。由于各个学校对学位论文的要求可能存在一些差别，因此在开始写作之前务必仔细阅读学校和学院的规范公示。

（4）时限性

不同于其他类型的论文，学位论文的一个重要特点是所要完成的每一个环节都有明确的时间限制。比如，开题、中期答辩、预答辩以及最终答辩等时间节点，串联起了完成学位论文的整个过程。如果不能根据要求按时完成每一个步骤，可能就会造成延期毕业的严重后果。因此，不妨提前着手准备，至少要保证按照时间节点，按部就班地开展研究和写作。只有这样，才能保证学位论文的质量，顺利通过答辩，最终拿到学位。我们也会在第2章介绍一些时间管理和克服拖延症的技巧，希望对你有所帮助。

1.2 为什么要写学位论文

1.2.1 获得学位

撰写学位论文，最明确直接的目的就是顺利获得学位。学位是对过去求学经历和学习成果的肯定，也是未来求职或继续深造的门槛。能否顺利获得学位直接决定了我们能否为过去的求学生涯画上一个完满的句号，也在很大程度上决定了我们对未来的美好愿望能否变为现实。此外，"行百里者半九十"，不管出于什么目的求学，一定要善始善终。若干年后，当你重返校园，看到这份纸质文档，或在数据库中看到电子文档，希望你能觉得自己对得起自己的签名，不必有所惭愧。你不妨向自己强调这个"小目标"，也许在遭遇写作困难的时候，这个"小目标"能够有效地激励你继续前行。

1.2.2 提高自身的思维水平和能力

撰写学位论文是一个提出问题和解决问题的整体过程。撰写学位论文除了帮助你获得学位之外，还可以锻炼和提高你观察现象和解决问题的能力。首先，完成论文必须查阅大量参考文献，以前人研究为基础，这可以提升我们对信息的搜集和处理能力。其次，学位论文的写作是一个让你"躬行"数年"纸上得来"的知识的机会，可以培养你对知识的应用能力。再次，写作过程中的实地调研以及和导师的交流都可以锻炼我们与别人沟通与合作的能力。最后，学位论文的行文要求较强的语言组织能力和写作能力；在写作中，你需要思考如何更好地安排论文的层次结构，表达自己的学术观点，这些对于提高写作水平都是十分有用的训练。

1.2.3 培养自身的性格和态度

撰写学位论文是一项复杂且具有挑战性的任务。每一步都可能困难重重，要按时完成学位论文的开题、中期答辩、预答辩和最终答辩，这样的路途不可谓不艰险，你一定也常常听说有人在这段历程中退缩和放弃。不过相信能翻开这本书的你肯定会使出浑身解数，不断迎难而上，反复求索，直至胜券在握。学位论文的顺利通过代表了一个身份的结束，可是人生道路漫漫，在之后的学习、工作和生活中，你还会遇到各种各样的考验，这样的一番淬炼，一定能培养出你坚韧顽强的品质，使你终身受益。

1.3 怎样写好学位论文

在了解学位论文的特征和重要性之后，我们便可进入正题——怎样写好学位论文。撰写学位论文，本质上就是进行一项研究的过程，需要确定选题、开展文献综述、选择研究方法、收集数据并分析数据，最后撰写论文。本书的目的就是帮助你更好地了解学位论文的整个写作过程，并给予你一些必要的指导。

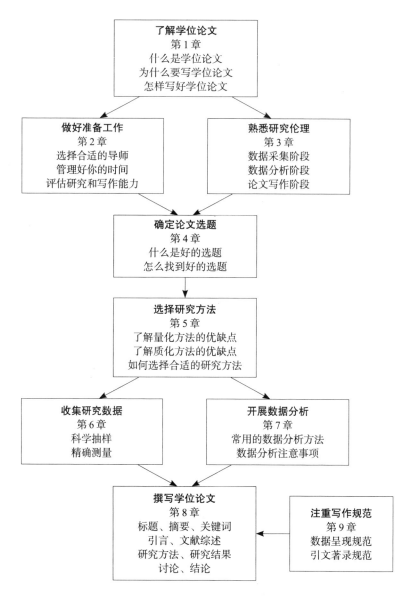

图 1.1 研究流程与本书框架

本书的章节大致是按照研究流程和步骤来安排的（见图 1.1）。在第 1 章简要介绍有关学位论文的概念特征和重要性之后，第 2 章将介绍完成学位论文所需要的准备工作，包括如何选择导师、规划时间和评估自己的能力。由于研究伦理非常重要，且之前不太受重视，所以我们将了解研究伦理从准备工作中独立出来，成为第 3 章。如果说前三章是引子的话，那么后面的章节就是本书的核心内容。其中，第 4 章着重介绍如何确定学位论文的选题，并包括如何进行文献检索和综述工作。第 5 章介绍各主要研究方法的优缺点，并说明如何选择合适的研究方法。之后我们将主要以问卷法为例，展示如何收集数据和分析数据，这也就是我们所提倡的开展研究的"三驾马车"——科学抽样、精确测量和数据分析。第 6 章介绍如何收集数据，包括科学抽样和精确测量这两个议题，第 7 章专门介绍数据分析方法及其注意事项。在完成了上述的诸多步骤之后，我们就来到了论文写作的最后一步——撰写学位论文，这就是第 8 章的内容。在具体写作策略方面，我们利用一篇论文实例（附录 1）加以介绍说明。在本书的最后一章（第 9 章），我们特别强调了学位论文的写作规范，包括数据呈现规范和引文著录规范。不同于期刊论文和会议论文等，学位论文通常还需要参加开题答辩、预答辩和正式答辩，因此我们也介绍了一些答辩技巧（附录 2）。

为了能更好地帮助你，本书每一章的内容都尽量注意操作性，同时力求语言通俗易懂。虽然我们反复强调完成学位论文需要花费不少时间和精力，但是你不必对学位论文感到恐惧。在我们的帮助下，加上自身的努力，相信你一定能够看见险峰之上的无限风光！

千里之行，始于足下。相信你已经摩拳擦掌，跃跃欲试，现在就让我们进入第 2 章——学位论文的准备工作。

第2章
有备无患：准备工作

有备，方能无患。这一章将告诉你一些对学位论文写作可能有帮助的准备工作。与做好其他事情一样，顺利完成学位论文首先需要解决"内忧外患"。在所有"外患"中，对你的学位论文影响最大的，莫过于选择导师的问题。对于"内忧"而言，首先，要管理好自己的时间，在有限的时间内完成论文的写作是必须的；其次，你需要提升自己的研究能力和写作能力。本章将与你分享关于选择导师的一些建议，并告诉你如何应对多数学生都患有的"学位论文拖延症"。在后续章节中，我们会使用较大的篇幅告诉你如何进行研究与写作。

2.1 选择合适的导师

由于并不是所有本科生都会在研究领域内继续深造，并且很少有本科生会认定自己的研究范式，因此院系往往会随机分配论文的指导老师。你无须对此过于焦虑，因为对于本科学位论文来说，不论你采取何种研究方法，大多数老师都能为你提供指导。对于研究生来说，硕士学位论文有更严格的标准，且导师对研究生生活具有重要的影响，因此选择合适的导师至关重要，我们接下来的介绍主要以准研究生与导师的联系为例。当然，即使你是本科生，如果对科研有浓厚的兴趣且对自身有清晰的规划，那么也可以此为参考，尽量为自己争取到理想的论文指导老师。

2.1.1 导师的重要性

国内研究生的培养制度是导师负责制，导师会在你求学期间给予学习和生活上的很多帮助。在这个过程中，导师的一言一行、思维方式、性格特征等都会对你产生潜移默化的影响。1936年，费孝通进入英国伦敦政治经济学院学习社会人类学，师从人类学家马林诺夫斯基（Bronislaw Malinowski），在其指导下以调查资料为基础撰写博士学位论文 Peasant life in China，中文译名《江村经济》。此书被认为是社会人类学实地调查的一个里程碑，国内外许多大学的社会人类学专业都把它列为必读参考书。在博士求学和论文撰写期间，费孝通深受马林诺夫斯基的影响，他在自己的著作中曾回忆道，恩师对他的"生活、气味、思想意识"等方面都产生了深远的影响。[1] 具体到学位论文写作上，从论文选题、研究设计到论文写作，你都需要和导师保持密切的联系，也需要和导师反复沟通。如何指导学生的学位论文在一定程度上也体现了导师的学术水平、工作态度与责任心。想必希望顺利完成论文的你，不会希望找到一位对自己的学位论文不闻不问的导师。

---

[1] 费孝通. 江村经济 [M]. 上海：上海人民出版社，2007：270.

2.1.2 如何判断导师是否适合自己

有过硕士或博士学习经历的同学一定有体会，无论是学校内的学习生活，还是毕业之后的发展，都和导师息息相关。选择一位适合自己的导师，对顺利完成学位论文至关重要！所以从一开始，你就需要在导师的选择上做好功课。那么，该如何判断导师是否适合自己呢？在选择导师之前，你可能需要问自己这样三个问题。

（1）导师的研究方向是不是契合你的兴趣

"兴趣是最好的老师。"如果你对一个领域有非常浓厚的研究兴趣，而你的导师恰好是这方面的专家，那他不仅能够在宏观方向上帮你把握选题，还能够在微观细节上对你有极大的帮助。如果导师的研究领域和你自己的研究兴趣相差甚远，导师往往无法给予你直接的或细致的指导，那么你可能就要靠自己的努力了。除了研究领域外，你还需要思考自己的研究取向和方法兴趣是否与导师相一致。你是更加喜欢理论思辨还是实证研究？如果是实证研究，是更喜欢质化研究还是量化研究？最理想的情况是你想要探索的研究问题正是你导师目前开展研究的主要方向，同时你感兴趣的研究方法正是导师所擅长的。如此，你就有了更好的机会，可以和导师在一个领域里合力钻研，这将对你顺利完成学位论文有很大的帮助。

（2）导师的指导方式是不是符合你的性格

美国管理学家罗夫·怀特（Ralph K. White）和罗纳德·李皮特（Ronald O. Lippitt）曾经提出三种不同的领导模式：权威式、参与式和自由式。[1] 导师对学生的指导同样有类似的三种模式，你应该思考哪种类型的导师更适合自己。权威式导师往往比较威严，喜欢学生完全按照自己的要求完成任务，不太愿意学生有太多自己的想

---

[1] IGBAEKEMEN G O. Impact of leadership style on organisation performance: a strategic literature review[J]. Public policy and administration research, 2014, 4(9): 126-135.

法。参与式导师一般会注重倾听学生的想法，征求他们的意见，会给学生一定的自主空间，并倾向于以合作的方式与学生一起进行研究。自由式导师推崇完全自由的管理方式，他们只会在必要的时候提供一些信息和建议，一般不主动参与和干涉学生的任何活动。你需要分析自己的性格特点，是喜欢顺从他人还是倾向于共同协商，是需要"他律"还是"自律"。如果你比较喜欢顺从他人，而且缺乏良好的自我管理能力，也许权威式导师更加适合你；如果你喜欢表达自己的观点，而且具有较强的自律能力，也许参与式导师和自由式导师能让你的学位论文撰写过程更为顺利。

（3）你希望导师给予你多大的指导和帮助

除了考虑自己与导师研究兴趣的契合程度及性格特征的匹配程度之外，你还需考虑自己希望导师能在学位论文的撰写方面给予多大的指导。比如上文提到的自由式导师，一般不会手把手去指导你如何写作，也可能不会详细解答你的问题，只在大方向上进行指点，甚至不会主动过问你的论文写作情况。相对而言，参与式导师可能愿意花更多的时间和你一起去讨论研究开展过程中的问题，也会在整个写作过程中给予你较多的指导。当然，导师到底能给予多大的指导和帮助，还取决于他们本身的繁忙程度。通常来说，身处科研第一线的导师会将大量的时间投入研究中，会有较多的时间指导学生；而担任行政职务的导师不一定有很多的时间指导学生的论文。如果你认为自己的理论基础和研究方法不够扎实，需要导师更多的帮助，不妨考虑时间较为充裕的导师；如果你认为自己的基础较好，或者希望自己更为自由地研究和写作，也可以选择事务繁忙的导师。

2.1.3 了解和联系导师

明确了选择导师的基本标准之后，你就可以去搜寻关于他们的信息，帮助自己做出正确的选择。

首先，也是最为主要的是，你可以登录学校和学院的官网，查看教师的个人介绍。学校和学院的网站往往会提供比较全面直观的资料，包括每位导师的自我阐述、出版成果以及个人荣誉。但需要注意的是，有些网站的信息可能比较陈旧，不能及时反映出老师们最新的研究兴趣和学术成果。因此，你可以登录学术数据库检索他们的论文并按照时间顺序进行排列。如有必要，你还可以下载并阅读他们最近几年发表的作品。通过这种方式，你就可以非常清楚地了解老师们当前的研究兴趣和研究重点。另外，你还可以去搜索查看他们的个人网站或者新媒体账户主页，有些老师会把项目信息和著作资料发布在这些平台上。

其次，也是经常被大家忽略的，你可以向高年级的同学咨询导师的情况和特点。你可以准备好自己希望了解的问题，就此向不同的学长或者学姐打听，最为有效的方法就是咨询由心仪导师直接指导的学生。推荐的咨询问题包括但不局限于：导师对学生的要求、与学生的相处方式、平时是否有足够的时间指导学生的研究，等等。

在这里，你需要明白，不同方法的侧重点是不同的：通过在学术平台以及学术网站检索心仪导师的论文，你可以看到导师目前的研究方向，以此判断对方是否和自己的研究兴趣相匹配。而通过向高年级同学询问，你可以更多地了解导师的性格特征和指导情况，以此判断对方是否符合自己的性格特征，满足自己的指导需求。

通过查阅资料和打听等方式确定了自己中意的导师后，下一步就要联系导师了。你需要咨询对方招生的名额以及选择学生的标准，并介绍自己的基本情况和学习、研究规划。在进行更深入的交流之前，我们推荐你通过电子邮件与导师联系。因为邮件的格式比较正式，而且除了正文之外，还可以把自己的简历和其他资料以附件的形式放在邮件之中，另外也能给对方充足的时间做出回应。在写邮件时，一定要注意措辞，应当使用敬语和尊称，同时不要有错别字，否则会给对方留下不良的印象。我们在这里给出了一个联系导师的邮件范例，供你参考（见图2.1）。

图2.1　联系意向导师的邮件范例

最后需要强调的是，联系导师越早越好。建议在收到录取通知并确定好自己的方向之后，就立即向心仪的导师发送邮件。因为每位导师的招收名额是有限的，尽早联系意味着你可以把握先机。更重要的是，较早确定导师，便可以提前跟随对方开展研究工作了。另外，在联系心仪导师的时候，如果对方已经没有名额或没有选择你，也不要沮丧，应该尽快联系下一位心仪导师！

专栏2.1 导师喜欢什么样的学生

对于导师来说，有可能会有多位学生联系他，因此导师需要根据自己的招生名额进行遴选。那么，导师一般比较看重学生的哪些方面呢？

第一，对科研具有浓厚的兴趣。从"研究生"这个名称来看，我们会发现，"研究"是这一学习阶段的关键词。不管是以理论为导向的学术型硕士，还是以实践为导向的专业型硕士，学校的目标都是培养学生的钻研精神和科研能力。"兴趣是最好的老师"，没有导师会喜欢招收对研究"敬而远之"、毫无兴趣的学生。当然，如果具有一定的研究基础和研究经历，也会给导师留下更深的印象。

第二，善于思考并乐于提问。不同于本科学习阶段，研究生阶段更加强调学习的独立性和创造性。如果一个人具有独立思考的能力并且乐于钻研，那么他也会更善于发现问题和解决问题。一切科研活动的起点，都是研究者们想要弄清楚一个问题。此外，对已有研究成果的进一步追问，也是研究新阶段的又一个起点，在不断提出问题和解决问题的循环中，研究者才能精益求精，不断提升自我。

第三，拥有良好的品格。在研究中，老师看重学生的学习态度和积极性，没有导师会喜欢态度不端正和做事懒散的学生，也没有导师愿意经常为了进度的问题催逼学生，真正优秀的人有时候反而会催促导师，和导师形成合力去完成更多的任务目标。在生活中，品格可能也是老师比较关注的，因为大家都更愿意和坚定可靠、善良真诚的人共事。

第四，具备较强的英语能力。如果你的英语能力较强，那将是一个"锦上添花"的加分项。因为阅读文献、学术交流等都需要一定的英文能力，如果你的英语基础较好，那么在学习和研究中就会更加轻松自如。

2.2 管理好你的时间

2.2.1 制订计划时间表

在学位论文写作过程中，具有良好的时间管理能力是非常重要的。在任务开始之前，我们强烈建议你做好计划时间表。把任务转填进计划时间表中的日历单元格后，你会发现难题似乎一下子就被分解了。你只要按部就班地完成每一阶段的任务，就能够保证最后不会出大的差错。

那么，如何编排计划时间表？首先，你可以将学位论文视为一个总项目。每一个项目都包含数个子项目或是小步骤，你要做的就是把学位论文的写作合理分解为不同的具体项目和详细步骤。我们以采用问卷法的研究论文为例。完成这样的一篇学位论文，大致可划分为以下几个步骤：阅读文献、确定研究问题、设计问卷、正式发放问卷、分析数据、撰写论文、修改论文和论文定稿。

其次，需要评估每个步骤所需要的时间，然后利用时间表将其呈现出来。需要注意的是，这是一个因人而异的过程，每个人处理任务的时间单位可能有所不同。不同的步骤对于不同的同学来说，需要花费的时长也有所区别，你需要合理评估自己的需求，不必过多参考他人。如果你实在不知道应当如何安排，可以多与导师沟通，以保证自己的进度在合理范围之内。但不管怎么说，当你确定好研究议题之后，最好提前七八个月就着手准备。我们在这里向你展示一份打算采用问卷法开展学位论文写作的计划时间表（表 2.1）。

表 2.1 完成学位论文的计划时间表示例

任务周	1	2	...	8	...	12	...	16	...	20	21	22	...	26	27	28
阅读文献	→			○												
确定研究问题				→		○										
设计问卷						→		○								
正式发放问卷								→		○						
分析数据										→	○					
撰写论文											→	○				
修改论文														→	○	
论文定稿																○

在示例表（表2.1）中，"→"表示这一步骤的开始，"○"表示这一步骤的完成。这张表的最小时间单位是"周"，你可以根据自己的实际情况制订计划时间表。可以在时间单位上再具体一点，设置一周内每天需要完成的任务，比如每天精读2篇文献。也可以把每一个任务再具体细分，比如在"设计问卷"中，设定确认测量某个概念的题目的期限；再比如将"撰写论文"细分为"确定提纲""写好摘要"等步骤，这些都可以根据自己的特点和习惯来调整。

制订好计划时间表之后，你可以把它打印出来，贴在书桌前，或者放置在电脑桌面的某个角落，便于时时提醒你完成每项任务的最后期限。目前也有很多可以帮助你进行时间管理的软件，你可以充分利用这些软件！

2.2.2 克服时间管理的敌人

虽然你已经制订了计划时间表，但在实施阶段，仍然可能遇到一些来自自身的阻碍因素。根据我们的观察，最为典型的就是拖延以及逃避心理。常见的拖延和逃避心理的情况不外乎以下几种，希望接下来的一些分析和建议对你有所帮助。

（1）"明天再开始吧。"有时候，你会不由自主地将任务的启动时间不断地往后推迟。"明天再开始吧"，就是典型的拖延症表现，其他类似的说法包括"先看完这个综艺再来""放到下午做吧""放到周末做吧"……你一定知道"日日待明日，万事成蹉跎"的警句，拖延症的后果是非常严重的。你一定要意识到，在某个时间段上的懈怠，将会影响整个计划时间表。不要以为这一点点的放松是无关紧要的，时间表上的前后安排是互相关联的，此时的懈怠等于整个计划表的作废。万事开头难，但良好的开端等于成功的一半。你应当记住要从今天开始，而不要从明天开始！

（2）"我没有时间。"学位论文的写作时间临近毕业，这时候也许会有其他许多和毕业相关的事情让你分心。比如，"我还要实习""接下来要准备海投了""我要参加面试"……按照 TED 演讲者劳拉·范德凯姆（Laura Vanderkam）的说法①，当你认为自己没有时间完成学位论文的时候，你一定还没有完全意识到学位论文的重要性，不然为何到了最后一周你又有了大把大把的时间熬夜赶论文呢？作为学生，完成学业是一切未来发展的基础。如果学位论文不能顺利完成，就算找到了工作或顺利保研，最后也是"竹篮打水一场空"。当你真正意识到不能完成学位论文的风险的时候，相信你根本不用刻意节省时间，"时间就自动地节约下来了"。不过，在等你火烧眉毛之前，我们还是建议你每周留出固定的时间用于学位论文写作。比如，每周3天，每天3个小时，确保自己在该时间段内完全投入学位论文的写作之中；然后在周末，再用半天的时间，来集中处理本周内关于论文的遗留问题。

（3）"我做不到。"有的时候，你也许会认为自己没有能力完成学位论文，类似的措辞包括"我没有研究天赋""我写不出来毕业论文""我不是一个合格的研究生"……如果你这么想的话，首先恭喜你是一个对自己严格要求的人，一定的担心和压力能促使你努力进取，也许最终反倒能使你更顺利地完成学位论文。不过，我们还是必须提醒你，过度忧虑也可能让人退缩，最后止步不前。此时，你可能需要多和他人沟通，比如向导师、同学表达自己的担忧，询问问题应当如何解决等，你会发现并不是你一个人遇到了困难，有时你的自我贬低纯粹是臆想。

（4）"我一周就能搞定。"这是典型的"最后期限（deadline）依赖症"，有时"deadline 是第一生产力"的过度使用让许多同学

---

① 范德凯姆.TED：如何掌控你的自由时间 [EB/OL].[2019-06-10].https://open.163.com/movie/2016/12/I/B/MC82BCQAN_MC8U8L3IB.html.

盲目自信。熬夜复习、赶作业……一直以来似乎都没什么太严重的后果，然而学位论文写作是一场"持久战"，并且期间还有一个又一个"小战役"。学院会为学位论文的每一个环节设置期限，比如提交开题报告、中期答辩等，而当下硕士学位论文开题和中期答辩不通过的情况也屡有发生。希望这里的提醒能引起你的注意，不要妄自菲薄，更不要盲目自信。另外，既然已经看到了这里，你一定不希望自己的学位论文是一篇低质量的论文，而短时间内勉强写出来的论文质量究竟能有多大的保证呢？相信你心中有自己的衡量，所以，我们不妨把"等待 deadline"变成"deadline 等我们"。

除了以上的心理建设之外，你还可以为自己设置完成每一步之后的奖励，激励自己早点专心致志地投入写作之中。"只要这周把文献综述的初稿完成，我就可以在周末和好友聚餐。"诸如这样的自我激励，可以激发你完成任务的斗志。你也可以尝试找个关系亲密的同学一起，相互鼓励，相互监督。

2.3 评估研究和写作能力

除了前面提到的时间管理之外，最为重要的是准确地评估自己的科研能力和写作能力，并根据评估结果及时"充电"。当然，"罗马不是一天建成的"。敏锐的问题意识、扎实的基础和娴熟的写作技能，也不是短期就可练就的。本书后续章节的内容希望帮助你培养论文写作的思维和能力，在"征服"学位论文的道路上助你一臂之力。

表 2.2 是我们提供的自我评估表。这份评估表是在心理学教授约翰·科恩（John D. Cone）、夏侬·福斯特（Sharon L. Foster）所提

出的能力评估表的基础上改编而成的[①]，包括选题确定、研究方法、写作能力、其他方面四个部分。这些方面贯穿于学位论文写作的全过程：从构思到成文。根据这个表格，你可以直观地了解完成学位论文需要具备哪些能力，并评估自己的优势和劣势，从而做到有的放矢，重点弥补自己的薄弱环节。

表 2.2　撰写学位论文自我评估表

选题确定	有待提高	一般	已经具备
1. 我了解哪些选题属于我所学习的学科的研究范围			
2. 我知道如何判断一个选题是否为好的选题			
3. 我懂得寻找选题的方法			
4. 我已经有一些感兴趣的选题			
研究方法	有待提高	一般	熟练掌握
5. 我对几种基本的量化/质化研究方法有初步了解			
6. 我熟练掌握至少一种量化/质化研究方法			
7. 我懂得一些收集数据或资料的方法			
8. 我可以熟练使用至少一种数据分析软件（如 SPSS、Stata 等）或质性研究软件（如 NVivo、ATLAS.ti 等）			
9. 我之前有从事实证研究的相关经验			
写作能力	有待提高	一般	熟练掌握
10. 导师认为我的行文是逻辑清晰、易于理解的			
11. 我的文字能力比较强，不会出现语法错误或者其他类型的病句			
12. 我可以完整独立地组织一篇学术论文的框架			
13. 我可以熟练地使用文字处理软件（如 Word、WPS 等）			
其他方面	尚需努力	一般	已经具备
14. 我具备中英文文献检索和整理能力			
15. 我具备撰写学位论文需要的沟通能力（与导师及研究对象等）			
16. 我具备良好的时间管理能力			

[①] 科恩，福斯特. 学位论文全程指南：心理学及相关领域 [M]. 张明，等译. 重庆：重庆大学出版社，2011：8.

完成这份自我评估表相当于你对自己的学术能力进行了初步的"体检"。相信你已经大致了解了自己的长处和短处。如果时间和精力有限，你完全可以根据自己的评估结果对后面的章节进行选择性的阅读。比如，若需要重点了解关于数据分析的内容，你可以重点阅读第7章。但如果条件允许，我们建议你按章节顺序逐章阅读。本书章节的编排顺序与一个完整的研究流程是基本对应的。

在看完本章关于学位论文的准备工作介绍之后，你是不是迫不及待地要开始学位论文的研究和写作呢？且慢，在正式开始之前，非常有必要了解下研究伦理问题，这是一个非常重要但往往被忽视的问题。为此，我们特别把它单独成章，作为最为重要的准备工作之一。

第3章
做事做人：研究伦理

  2018年年底，社交媒体上关于中国诞生世界首例基因编辑婴儿的科技新闻不仅引起了全球学界的震动，还牵动了每个普通人的神经。人们更多的不是关心这项科学研究本身，而是整个研究过程中存在的伦理问题。在医学研究领域，尽管《纽伦堡法典》《赫尔辛基宣言》和《贝尔蒙报告》等重要原则和声明的出台为规范医学研究提供了重要作用，但违背研究伦理的案例仍然屡见不鲜。

  虽然从事社会科学的研究可能不会遇到像生物医学和医学研究者所面对的某些伦理问题，但我们仍然非常有必要了解这些重要的原则和声明，也一点都不能放松对可能出现的伦理问题的警惕。从实施操作的角度来看，研究伦理并非只关涉研究过程中的某个特定阶段或步骤，而是贯穿于整个研究过程。同其他学术研究一样，学位论文写作的每一个阶段都会涉及伦理问题。

  在本章，我们将从数据采集、数据分析和论文写作三个阶段分别介绍需要注意的研究伦理问题，希望能够引起你的高度重视！

专栏3.1 医学领域关于研究伦理的重要原则和声明

《纽伦堡法典》：

第二次世界大战时，德国纳粹分子借用科学实验之名，用犹太人等人群开展诸多人体实验。这些受试者大多经历了不可思议的痛苦和折磨，乃至死亡。1946年，这些主持或参与人体实验的纳粹官员、医学研究者和医生被作为战犯交给纽伦堡国际军事法庭审判。在此次的审理过程中，经过多方的共同努力，最终形成《纽伦堡法典》。作为世界上第一部规范人体实验的法典，它的颁布和实施具有里程碑意义。

《纽伦堡法典》关于人体实验的十点声明具体如下：(1)受试者必须知情同意；(2)实验对社会有利，且非做不可；(3)人体实验前应有完备的动物实验；(4)实验应避免给受试者以精神和肉体的痛苦和创伤；(5)实验的危害性不得超过人道主义的重要性；(6)禁止进行估计受试者有可能伤残或死亡的实验；(7)实验中如发现受试者有可能伤残或死亡，应立即停止实验；(8)精心安排，采取一切措施杜绝实验发生意外伤残；(9)实验期间，受试者有权停止实验；(10)实验必须由受过科学训练的人进行。

《赫尔辛基宣言》：

《赫尔辛基宣言》以《纽伦堡法典》为基础，更加全面具体地制定了涉及人体对象医学研究的道德原则，产生了广泛的影响力。该宣言的最初版本是在芬兰赫尔辛基举办的第18届世界医学会大会（1964年6月）通过的，后又经过多次修订和完善。目前的最新版本是在2013年10月第64届世界医学大会上修订的。

2013年版的《赫尔辛基宣言》一共37个条款。其中，第23条是关于研究伦理委员会（Institutional Review Board, IRB）的相关规定。根据该条款，IRB必须运作透明，独立于研究者和主办方，拥有正式资格。一方面，在研究开始之前，研究方案必须提交给相关的IRB进行考虑、评论、指导和批准。该委员会必须考虑开展研究所在国的法律和法规，以及适用的国际规范和标准，但禁止削弱和取消本宣言规定的对受试者的任何保护措施。另一方面，IRB必须有权监督正在进行的研究，没有委员会的批准，研究方案不得更改。在研究结束后，研究者需向委员会提交一份结题报告。

《贝尔蒙报告》：

在20世纪六七十年代，美国陆续发生了一些典型的不符合研究伦理道德的案例，比如臭名昭著的塔斯基吉黑人梅毒实验。在此背景下，美国先后出台了很多相关的指导规则，其中以《贝尔蒙报告》最为著名。该报告是美国政府于1974年专门任命的国家委员会对如何保护生物医学及行为研究中的人体受试者所提出的切实可行的建议。该委员会就以下四个方面进行了详细讨论，并最终形成了1979年出台的《贝尔蒙报告》：（1）常规医疗与生物医学研究的界限；（2）评估风险利益在判定人体实验合理性中的作用；（3）合理选择受试者；（4）不同研究领域的知情同意书的性质和定义。

3.1 数据采集阶段

在社会科学研究中,研究对象通常是人,因此在收集数据时应该注意以下几点原则。

首先,在招募研究对象的过程中要遵循自愿参与原则(不强迫原则)。无论是采用问卷法、实验法,还是访谈法,所有参与研究的人都必须是自愿参与,并且有随时退出研究的自由。目前不少研究选择大学生作为研究对象,并且以学分作为"威胁"手段。这种情形下,尽管学生可以选择退出,但是会有损失学分的风险,因此学生的参与并不是自愿的,而且在这种情形下受访者也未必心甘情愿地填写真实答案,有可能造成两败俱伤的局面。

其次,在数据采集的时候,应遵循研究对象无伤害原则。在研究过程中,尤其是涉及实验研究时,研究者有义务保证被试的身体和心理不受到伤害。在这个方面,最著名的例子是由菲利普·津巴多(Philip Zimbardo)教授实施的斯坦福监狱实验,该实验想探究个人的行为是否会因为情境的变化而改变。研究者招募了24位志愿者,将他们随机分为两组,一组充当"囚犯",一组充当"狱警"。实验开始不久,"狱警"就开始虐待"犯人",给充当"犯人"的被试造成了真实的身体和心理伤害,最终不得不停止实验。在大多数社会科学研究中,相对于生理伤害,对研究对象的心理伤害更容易被忽视。比如,研究者在问卷中有时会要求受访者填写透露他们的反常行为、不被常人认同的态度、低收入现状等内容;在实验中,研究者会通过给被试观看恐怖的影片唤起恐惧或者惊惧的情绪,或者让被试回忆最近一次被人欺负的经历等,这些多少都会让研究对象感觉不舒服,甚至造成心理挫伤。如果在研究过程中确实存在对研究对象造成心理影响的可能性,那么就应该在研究开始前告知研究对象可能出现的心理伤害，让其决定是否自愿参与。如果不能直接告知，可在研究之前或研究结束后采取一定的预防或干预措施。比如，在实验开始前对被试做简单的心理前测，如果被试某些心理测试项目的分数显示其心理承受力低，则需要在实验开始前排除该被试；如果被试参与了实验并在其中被唤起了惊恐情绪，那么在实验结束后可以让被试观看诙谐幽默的短片以平衡心理状态。

再次，研究者要注意对研究对象进行匿名和保密工作。当研究者无法判断哪种结果属于哪个研究对象的意见的时候，这个研究对象就可以说是匿名的。比如以邮寄的形式进行问卷调查，且问卷回收前没有可辨识的编号。匿名的做法会增加应答的可能性和准确度，即使有研究对象自愿透露姓名，我们依然要遵循匿名的原则。保密原则是指从研究对象身上获得的信息应该获得严格的保密，如果需要在论文中透露信息，那么这些信息应该是经过修饰的或者使用代号来表示的，且不应该在文字中表露出容易让人猜出研究对象身份的信息。

最后，研究者也要遵循知情同意原则并处理好它与合理欺骗的关系。知情同意原则是指研究者要事先告知研究对象与研究相关的所有事项，包括研究目的、研究对象需要做什么、研究花费的时间、允许何时退出，等等。这些内容都包含在知情同意书中，交由研究对象签字确认。但在实际的研究中，如果研究者告诉了对方与研究相关的内容，研究对象的行为可能会发生改变。在这种情况下，研究者可以使用合理欺骗的手段，比如隐瞒实验目的。但是，使用合理欺骗是有条件限制的，只有在没有其他替代办法的情况下才能使用，而且所隐瞒的内容对研究对象是否决定参与无关，并且要尽可能给予他们足够多的信息来决定是否参与其中。在很多社会科学实验研究中,谎称实验目的很常见,有时也很必要。如在经典的阿希实验(Asch experiment)中,被试可以看到A、B、C三条不同长度的线,然后研究者问他们X(第四条线)与前三条线中的哪一条线一样长(见图3.1)[①]。答案很简单也很明显,是C。但在实验中,其他"被试"都是研究者的同伙,他们在研究者提问后异口同声地回答"A与X一样长",于是问题就变得复杂了。这个实验的目的就是测试真正的被试是否会放弃自己的判断,转而从众。如果这个实验不向真正的被试隐瞒实验目的的话,研究将无从做起。对于类似这样的情况,研究者可以使用合理欺骗,但在实验结束后,应该在第一时间告知被试真实的实验目的,并征求谅解。如果被试对于欺骗感到不能谅解,应该允许他们收回在先前实验中所提供的数据。

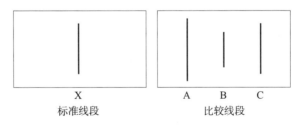

图3.1 阿希实验材料图

除了上述基本原则外,在实际的数据收集过程中也要注意一些具体的伦理问题。有些看似与操作有关,其实背后也隐含着伦理风险。试举三例。(1)刻意选择符合期许的研究对象。这种做法是指,为了得到支持假设的答案,研究者刻意挑选带有特定倾向的研究对象。例如,研究者想探究青少年对网络游戏的态度,希望得到用户支持网络游戏的结论,因此选择了很多沉迷网络的受访

---

① ASCH S E.Studies of independence and conformity: I.A minority of one against a unanimous majority[J]. Psychological monographs: general and applied, 1956, 70(9): 1-70.

者。(2)刻意诱导研究对象做出符合期许的选择。研究者总希望受访者或者被试能够按照自己所期望的结果回答问卷或者完成实验任务,因此有时在研究过程中会有意或者无意地向研究对象暗示,某些答案是正确的,某些行为是对的。例如,研究者在设计问题的时候不正确地使用诱导提问,在试验过程中,主试在被试完成符合期许的操作后不合时宜地给予表扬,这些错误的做法都会造成数据失真。(3)根据当前的显著性结果决定是否停止收集样本。目前判定统计显著的指标主要是 p 值,通常只要 p 值小于 0.05 就可以说明研究结果具有显著性。但是, p 值对样本量非常敏感,比如当样本量增加的时候, p 值有可能从不显著转为显著。因此有些研究者先收集一部分样本,统计分析发现结果不显著,于是再接着补充一部分样本,直到统计显著后才停止收集数据。这种错误做法会增加假阳性的风险,对研究的可重复性产生影响。

3.2 数据分析阶段

前文提到,为了使研究结果看似更有意义,研究者可能根据显著性结果决定是否停止收集样本。事实上,在数据分析阶段,也有可能存在所谓的"p 值操纵"(p-hacking),即采用不合理的手段使数据达到显著,使用各种方式"折磨"数据,让它最后"吐出"$p < 0.05$ 的结果。除了避免不合理的 p 值操纵外,在数据分析阶段还需要注意以下几个问题。

首先,切勿修改原始数据和篡改分析结果。修改原始数据是指在原始数据上直接做手脚,如随意删除或增加数据。篡改分析结果则是指直接将数据改造使之呈现符合预期的结果。不管是修改原始数据还是直接修改分析结果,都是赤裸裸的数据造假行为,严重违背学术伦理，应该为研究者所不齿。除了有伦理风险外，对科学研究知识的积累也会产生负面影响。可重复性是科学研究中的重要原则，数据造假显然会导致结果的不可重复，对于科学研究的发展百害而无一利。所以，如果数据分析结果不如意，应该实事求是，分析原因并调整方法，千万不要为了使结果好看而"铤而走险"。

其次，不能选择性地汇报研究结果。比如，在研究实施初期测量了多个变量，在后期数据分析阶段只汇报显著的结果，而对于不显著的结果"置之不理"。虽然我们允许不汇报某些结果，但并不提倡这么做，毕竟这种做法在某种程度上也违背了学术诚信的原则。造成这种情况的原因主要是，目前学界存在比较严重的"出版偏见"（publication bias）——学术期刊青睐具有显著性的结果，而将不显著的结果拒之门外。同时，目前众多高校研究者迫于职业压力——"publish or perish"（发表论文，否则就出局）[1]，在这样的压力下，不得不采取这种急功近利的做法。但是，对于研究中不符合预期的结果，我们也需要认真对待，如果理论运用和方法设计得当，有时不显著的结果可能隐藏了重要的发现。

在这个方面，一个著名的例子是史托佛（Samuel Stouffer）及其同事的研究。[2]他们关于军队晋升路径的研究得到了和常识相反的结论，做出了非常重要的发现。根据经验，军队中获得晋升的人往往会认为晋升制度公平，而未获得晋升的人通常会觉得晋升制度不公平。进一步推断，晋升机会较多的军人会比晋升机会较少的军人更加认为制度是公平的。他们选择了所有兵种中晋升最慢的宪兵

---

[1] MILLER A N, TAYLOR S G, BEDEIAN A G.Publish or perish: academic life as management faculty live it[J]. Career development international, 2011, 16(5): 422-445.
[2] 巴比.社会研究方法：第十一版[M].邱泽奇，译.北京：华夏出版社，2009：13-14.

以及晋升最快的空军特种兵进行调查，按照常识做出假设：宪兵应当认为制度不公平，而空军特种兵应当认为制度公平。然而调查显示，结果恰恰相反。这引起了他们的思考，借用默顿（Robert Merton）的参照群体理论，他们反思，军官觉得晋升制度是否公平跟同群体的成员比较有关：对于某个宪兵来说，因为整体晋升缓慢，那些不如自己的人也不可能晋升得更快，所以感觉更公平；而对于某个空军特种兵来说，由于整体晋升快，他们很容易在比他们晋升得更快的人群中发现不如自己的人，因此会加剧不公平感。在这个研究中，史托佛的结论虽然和原本假设不一致，却通过借用参照群体理论得以揭示这样的现象：人们对于自己生活的评价，一般不会依据客观的条件标准，而是在和身边人进行参照比较的过程中进行判断。不难发现，不符合预期的研究结果有可能也会得到意想不到的收获。

3.3 论文写作阶段

在论文写作阶段，剽窃和抄袭问题是需要引起高度重视的学术伦理问题。剽窃是指直接抄袭或使用他人成果而没有说明来源出处，所以剽窃和抄袭其实说的是一码事。它包括但不局限于以下几种做法：直接盗窃他人的数据和资料；稍微改变形式或内容，将他人作品的部分或者全部内容占为己有；引用别人的论著，但在正文和文后参考文献中未注明。2019年5月国家新闻出版署发布了CY/T 174—2019《学术出版规范 期刊学术不端行为界定》，其中对剽窃行为做了详细的界定（见专栏3.2）。现在高校会采用查重系统来检测学生学位论文中是否存在抄袭成分，并设置一个重复率底线，防止存在抄袭嫌疑的论文"蒙混过关"。其实，论文写得好不好是个人水平问题，但剽窃就是道德问题，在这个原则问题上务必保持警惕。

我们在此援引国内新闻传播学界发生的学生抄袭和剽窃论文并受到处罚的两个案例，希望对你有所警示！第一个案例是北京大学某学生于 2013 年在《国际新闻界》刊发的《1775 年法国大众新闻业的"投石党运动"》论文存在抄袭问题。作者抄袭尼娜·基尔巴特（Nina R. Gelbart）发表于 Eighteenth-century studies 1984 年第 4 期的论文。该学生在其论文中大段翻译基尔巴特的论文，甚至直接采用基尔巴特引用的文献作为注释。2015 年 1 月，北京大学发布通报，决定撤销该学生的博士学位。第二个案例是，暨南大学某学生在《新闻界》（2016 年第 1 期）发表的《亲密关系：是隐藏，还是公开？——中国高校年轻情侣的媒介使用分析》大量翻译抄袭他人的会议论文，原作者指出：该文除了添加引用学者的个人信息、将访谈地点从北京改为广州，并在方法描述中增加了跟研究内容和结论没有关联的网络调查方法之外，就是对其会议论文的逐段翻译。杂志社经查发现情况属实，宣布撤销该文章，今后不再接收该学生的投稿。

专栏 3.2 学术不端行为——剽窃（CY/T 174–2019《学术出版规范 期刊学术不端行为界定》摘录）

1. 观点剽窃

不加引注或说明地使用他人的观点，并以自己的名义发表，应界定为观点剽窃。观点剽窃的表现形式包括：

a) 不加引注地直接使用他人已发表文献中的论点、观点、结论等。

b) 不改变其本意地转述他人的论点、观点、结论等后不加引注地使用。

　　c) 对他人的论点、观点、结论等删减部分内容后不加引注地使用。

　　d) 对他人的论点、观点、结论等进行拆分或重组后不加引注地使用。

　　e) 对他人的论点、观点、结论等增加一些内容后不加引注地使用。

2. 数据剽窃

　　不加引注或说明地使用他人已发表文献中的数据，并以自己的名义发表，应界定为数据剽窃。数据剽窃的表现形式包括：

　　a) 不加引注地直接使用他人已发表文献中的数据。

　　b) 对他人已发表文献中的数据进行些微修改后不加引注地使用。

　　c) 对他人已发表文献中的数据进行一些添加后不加引注地使用。

　　d) 对他人已发表文献中的数据进行部分删减后不加引注地使用。

　　e) 改变他人已发表文献中数据原有的排列顺序后不加引注地使用。

　　f) 改变他人已发表文献中的数据的呈现方式后不加引注地使用，如将图表转换成文字表述，或者将文字表述转换成图表。

3. 图片和音视频剽窃

　　不加引注或说明地使用他人已发表文献中的图片和音视频，并以自己的名义发表，应界定为图片和音视频剽窃。图片和音视频剽窃的表现形式包括：

　　a) 不加引注或说明地直接使用他人已发表文献中的图像、

音视频等资料。

b) 对他人已发表文献中的图片和音视频进行些微修改后不加引注或说明地使用。

c) 对他人已发表文献中的图片和音视频添加一些内容后不加引注或说明地使用。

d) 对他人已发表文献中的图片和音视频删减部分内容后不加引注或说明地使用。

e) 对他人已发表文献中的图片增强部分内容后不加引注或说明地使用。

f) 对他人已发表文献中的图片弱化部分内容后不加引注或说明地使用。

4. 研究（实验）方法剽窃

不加引注或说明地使用他人具有独创性的研究（实验）方法，并以自己的名义发表，应界定为研究（实验）方法剽窃。研究（实验）方法剽窃的表现形式包括：

a) 不加引注或说明地直接使用他人已发表文献中具有独创性的研究（实验）方法。

b) 修改他人已发表文献中具有独创性的研究（实验）方法的一些非核心元素后不加引注或说明地使用。

5. 文字表述剽窃

不加引注地使用他人已发表文献中具有完整语义的文字表述，并以自己的名义发表，应界定为文字表述剽窃。文字表述剽窃的表现形式包括：

a) 不加引注地直接使用他人已发表文献中的文字表述。

b) 成段使用他人已发表文献中的文字表述，虽然进行了引注，但对所使用文字不加引号，或者不改变字体，或者不使用特定的排列方式显示。

c) 多处使用某一已发表文献中的文字表述，却只在其中一处或几处进行引注。

d) 连续使用来源于多个文献的文字表述，却只标注其中一个或几个文献来源。

e) 不加引注、不改变其本意地转述他人已发表文献中的文字表述，包括概括、删减他人已发表文献中的文字，或者改变他人已发表文献中的文字表述的句式，或者用类似词语对他人已发表文献中的文字表述进行同义替换。

f) 对他人已发表文献中的文字表述增加一些词句后不加引注地使用。

g) 对他人已发表文献中的文字表述删减一些词句后不加引注地使用。

6．整体剽窃

论文的主体或论文某一部分的主体过度引用或大量引用他人已发表文献的内容，应界定为整体剽窃。整体剽窃的表现形式包括：

a) 直接使用他人已发表文献的全部或大部分内容。

b) 在他人已发表文献的基础上增加部分内容后以自己的名义发表，如补充一些数据，或者补充一些新的分析等。

c) 对他人已发表文献的全部或大部分内容进行缩减后以自己的名义发表。

d) 替换他人已发表文献中的研究对象后以自己的名义发表。

e) 改变他人已发表文献的结构、段落顺序后以自己的名义发表。

f) 将多篇他人已发表文献拼接成一篇论文后发表。

> **7. 他人未发表成果剽窃**
>
> 未经许可使用他人未发表的观点，具有独创性的研究（实验）方法，数据、图片等，或获得许可但不加以说明，应界定为他人未发表成果剽窃。他人未发表成果剽窃的表现形式包括：
>
> a) 未经许可使用他人已经公开但未正式发表的观点，具有独创性的研究（实验）方法，数据、图片等。
>
> b) 获得许可使用他人已经公开但未正式发表的观点，具有独创性的研究（实验）方法，数据、图片等，却不加引注，或者不以致谢等方式说明。

除了抄袭之外，论文代写也是值得注意的现象。有些在校学生迫于毕业的压力，寻找市面上的代写团体完成毕业论文。现在网上可以随意搜到各种论文代写网站，学生在毕业季甚至经常收到代写团体的营销短信或邮件，这无疑是一种巨大的诱惑。但请牢记，代写是对自己不负责任的表现，是严重的学术不端行为。作为一名在校学生，完成学位论文是自己的本职工作，也是对自己几年学业的回顾与总结。只要好好努力，相信凭借自己的实力可以成功完成论文的撰写。另外，在完成学位论文后，如果考虑向期刊或会议投稿，务必注意杜绝一稿多投和一稿多发的现象。

以上我们从数据采集、数据分析和论文写作三个阶段分别介绍了研究伦理。再次强调，这些问题都务必引起你的高度重视！在意识到这点后，你就可以正式开始学位论文的研究和写作了。通常而言，学位论文的撰写是从确定选题开始的。"好的选题等于成功的一半"，可见选题是多么的重要，同时题目的确定与文献调研工作密不可分。下面就让我们一起来了解如何确定选题并做好相关的文献调研工作吧！

第4章
"有的放矢"：确定论文选题

　　选题是学位论文的灵魂，选题的好坏在很大程度上决定了你是否能够顺利完成论文。因此，务必高度重视论文的选题工作。确定选题需要花费大量的时间和精力，并且有可能是一个跌宕起伏的过程。从最初产生想法到最后确定题目，你需要和指导老师反复讨论，和其他人交流想法，检索并阅读大量的文献。在这个过程中，你会经历各种情绪体验。刚开始你可能没有任何头绪，和导师讨论不顺利，发现已经有人做过同样的研究……为此会非常沮丧。但是经过一段时间的"折磨"后，你可能会灵光一闪并取得突破，一个好的想法就此诞生。所以我们经常说，作为学位论文写作的第一步，确定选题是重要且耗神的工作。那么，本章就和你一起来探讨什么是好的选题，怎么找到好的选题。

4.1 什么是好的选题

4.1.1 好的选题是"有用的"

当你参加论文答辩的时候，遇到的第一个问题可能就是"你这篇论文的意义或者价值是什么"。这个问题常常让不少同学头痛不已。其实这个问题的本质就是在"拷问"你的选题的有用性。通常来说，一个"有用的"选题应当具有一定的理论价值和实践价值。

选题的理论价值是指你的研究能够对某个领域的理论或者概念做出某些贡献。这些贡献可以体现在多个方面：（1）可以验证某个理论在不同情境的适用性，从而为这个理论的发展做出贡献。例如将计划行为理论应用于诸如健康预防、环境保护、交通安全等领域，这些研究结果都进一步说明了这个理论在不同议题上的适用性和解释力。（2）可以根据不同的研究情景添加变量或者改造模型，从而为理解某种现象提供新的理论框架。例如研究个人在线捐赠行为的时候，同样还是采用计划行为理论，但考虑到在线捐赠区别于传统线下捐赠，可以在模型中添加"（对在线交易的）信任"这个新的变量。换言之，你可以根据自身所要研究议题的特点拓展理论，体现"独属于你"的理论价值。（3）可以通过选题找到某个理论的适用范围，比如在什么情况下这个理论适用，这个理论的具体使用边界在哪里。在计划行为理论中，若添加"过去行为"作为调节变量，结果可能发现，对于已有过去行为经验的人来说，他们的态度对行为意愿的影响要显著高于没有过去行为经验的人群。也就是说，这个理论在不同的人群中解释效果不同。

一个好的选题，除了具备理论价值外，实践价值也是不可忽视的。有时不少学术圈外的人会困惑，不知道你做的研究有什么用。

这个时候，他们关心的就是研究对实践的指导意义和参考价值。根据研究的目的，选题的实践价值体现在不同的层面：个体、组织、产业或者国家层面。比如一些心理学的研究探索什么因素会影响个人的抑郁情绪，所获得的结果不仅有助于个人加强对自身的认识，也有助于心理机构开展相关的干预工作。再比如一些与消费者相关的行为研究，不仅有助于个人做出理性的消费决策，还有助于商业组织实施有效的营销策略，从而促进行业市场的发展。更进一步讲，某些社会科学的研究（如区域治理研究等）所获取的研究结果还对宏观的政策制定具有参考意义和指导价值。

看到这里，你应该大致明白了什么选题是"有用的"。坚实的理论基础和深刻的现实关照都不可或缺，它们就像是硬币的正反面，既泾渭分明又互相联系，两者互相促进，并形成良性循环。

4.1.2 好的选题是"可行的"

思考选题时，一方面需要发挥自己的创造力以探索各种可能性，另一方面也需要考虑"想象"是否能够"落地"。你可以从以下几个方面进行自我评估，帮助自己确定选题的可行性。

（1）评估数据采集的难度

你试想一下，自己获取研究对象相关数据的难度如何，是否有取得相关数据的资源和资本。如果采用问卷法，就需要考虑如何科学抽样使得样本具有代表性。例如，假如你的研究对象是某市的中学生，并且采用分层抽样的方法，那就必须确定好样本的总体，抽取多少份样本，按照何种方式分层，以及如何获得许可接触到具体的样本。如果采用实验法，则需要考虑是否有足够的招募被试的经费（如果需要提供报酬的话），是否有进行试验的相关器材（如眼动仪等）。不管是问卷法还是实验法，你还要考虑是否能接触到你的研究对象，如果你的选题对象是平时比较难接触到的，如监狱犯人、性工作者、特殊疾病的患者等，则需要好好考虑有多大可能性可以接触到这些人群并获得样本数据。若使用二手数据，可能有一些数据无法免费下载，而学校图书馆又没有购买，这时则必须考虑是否有条件取得。还有一些历史数据，有可能数据本身存在缺失值。因此确定选题时，也需要考虑这些"隐形"的成本。

（2）评估研究所需要的时间

考虑到学位论文的"时限性"，你需要思考：若进行此研究需要多长时间？有些研究选题涉及研究个体的长期效应，此时可能需要选择使用纵向研究或者追踪研究。例如妮科尔·埃莉森（Nicole B. Ellison）等人研究 Facebook 使用对个体的社会资本获取的影响，他们向同一批被试收集数据，时间间隔为一年。[①]有些追踪研究甚至是从儿童期开始，一直追踪至成年，其中最有名的当属哈佛大学开展的成人发展研究（Harvard Study of Adult Development）。这个研究项目旨在回答一个人类共同关心的问题：什么决定了我们的"幸福"？从1938年起，该项目组追踪了两组人（共724人）的生活，一组是哈佛大学大二的学生，另一组是来自波士顿贫民区的小男孩。为了更加深入地了解他们的生活，在后续的追踪研究中，研究者不仅向他们发放问卷，还登门进行深度访谈，甚至利用抽血、扫描大脑等方式记录健康数据。该项目的第四代负责人罗伯特·瓦尔丁格（Robert Waldinger）在TED演讲中对该研究结果做了汇报，题目名为"揭秘幸福生活"（What makes a good life? Lessons from the longest study on happiness）。该项目得出了三个结论：（a）决

---

① STEINFIELD C, ELLISON N B, LAMPE C.Social capital, self-esteem, and use of online social network sites: a longitudinal analysis[J]. Journal of applied developmental psychology, 2008, 29(6): 434-445.

定个人幸福的不是金钱、名誉，而是良好的社会关系。那些跟家人朋友有良好亲密关系的人比孤独、离群索居的人更加快乐与健康。（b）社会关系的质量比数量更重要。（c）幸福的婚姻能够保护我们的大脑。罗伯特·瓦尔丁格教授使用该项目数据发表了数篇论文[1][2]，如果你感兴趣，可以自己找来看看。所以开展这样的研究时，必须考虑所需的时间成本。

（3）评估自身的科研能力

最后，也是最重要的，你需要问自己："我自己的科研能力到底如何？"除了考虑与研究本身相关的问题，你还需要对自己的能力有一个正确的认识，不可高估自己的能力，也不要妄自菲薄。如果高估了自己的能力，选择完全超出自己能力范围的题目，你可能会觉得力不从心。很多人一开始就想研究宏大宽泛的问题，比如研究"中国的媒介融合现状"，这个选题就太大。别说是博士学位论文，它基本上可以作为一个学者几十年的研究选题。作为学位论文，选题的范围应该更窄一些，要将关键词细化，使其处于自己的能力范围之内。例如可以研究具体的媒体，如电视、广播媒体的媒介融合；"中国"这个范围也太大，可以集中在某一个特定的区域；媒介融合现状背后的发展成因也可以进行深入的思考，等等。当然，如果低估了自己的能力，则可能会觉得缺乏挑战性，兴致不高，也无法利用学位论文写作的机会来提升自己。因此最好选择你认为有把握，同时又稍具挑战性的选题。就像摘果子，需要伸手够一下才能摘到的难度会是比较好的选择。

---

[1] WALDINGER R J, SCHULZ M S. What's love got to do with it? Social functioning, perceived health, and daily happiness in married octogenarians[J]. Psychology and aging, 2010, 25(2): 422.
[2] WALDINGER R J, COHEN S, SCHULZ M S, et al. Security of attachment to spouses in late life: concurrent and prospective links with cognitive and emotional well-being[J]. Clinical psychological science, 2015, 3(4): 516-529.

4.1.3 好选题的其他特征

好的选题除了具备"有用性"和"可行性"这两个主要特征，还要具备其他特征，比如"相关性"。所谓"相关性"就是说你应该选择专业范围内的选题。如果选题超出了学科范围，你有可能被质疑选题与本专业不符合。虽然现今在人文社会科学领域，不少研究采用跨学科的视角并借鉴其他领域的研究，但是这并不等同于要完全跳出自己的专业领域而转向其他领域。例如，曾有一位新闻传播学研究生的学位论文选题是社区治理。在开题答辩的时候，答辩老师普遍认为这个选题本身不错，有很强的现实意义，但同时认为这个选题是社会学专业的选题，与新闻传播学的相关度不高，因此建议这位同学突出新媒体或社交媒体与社区治理的关系。之后这位同学将题目修改为"社交媒体使用在社区治理中的影响研究"，这不仅仅是对题目进行了修改，还加上了媒体使用变量，将整个研究的视角和思路调整为以媒体使用为中心来考察社区治理问题。另外，如果选题具有"趣味性"，无疑会吸引更多人的注意。例如，2015年在上海交通大学举办的新媒体国际论坛上，有一篇学生论文利用定量数据研究"秀恩爱，分得快"这句流行语的效应是否真的存在[1]。由于选题非常有趣，多家网站和媒体都对此进行了报道。当然，好的选题也需要符合"伦理性"，这一点就涉及前文提到的学术伦理。

---

[1] 吴洁瑾. 秀恩爱分得快？上海大学生发现能带来愉悦、更有利于感情发展 [N/OL]. 澎湃新闻，2015-10-26 [2019-06-10]. https://www.thepaper.cn/newsDetail_forward_1389070.

4.2 怎么找到好的选题

现在你已经知道了什么是好的选题，那么怎么才能找到好的选题呢？以下三个方面不容忽视：首先是你的生活环境，选题常来源于对生活的观察和反思；其次，选题来源于与他人的交流；最后，选题来源于对文献的阅读。为了叙述方便，我们将以上三个方面分开讲述。但是在现实研究中，这三个方面并非泾渭分明，而是紧密结合，你可能会同时基于这三种途径寻找合适的选题，也有可能在每个方面都要进行好几次，直到确定满意的题目为止。

4.2.1 选题来源于对生活的观察和反思

很多人会有误解，认为学术选题一定是"高端"的，要从"故纸堆"里挖出来；然而，就如之前所提的实践价值一样，好的选题往往来源于对日常生活的观察。例如，媒体的新闻报道和个人的生活经验等都可以成为你的选题来源[1]。

处于新媒体和智能媒体时代的我们，无时无刻不在接收着媒体传达的信息。我们可以通过各种媒介获取社会、经济、政治、文化等各类信息，而这些信息可以引导我们发现问题。重大的社会事件报道、重要的新闻发布会直播，甚至媒体报道的与我们息息相关的生活新闻，都可以启发我们对某些问题进行思考，从而提炼出学术研究中的选题。

但是，记者对一些社会问题的描述和分析，你能够理解吗？如果他们所说的社会问题和你的个人经历相距很远，你能很好地理解吗？例如，新闻报道有人在火灾里被烧，你看到新闻后很难受。你为什么会感到难受呢？可能是因为你体验过别的类似的伤痛，如果

---

[1] 郑也夫. 与本科生谈：论文与治学[M]. 山东：山东人民出版社，2008：50-51.

你没有体验过任何伤痛的话，你就很难体会到新闻里的那些伤员的感受。所以，能否理解媒体报道的内容与你的社会经历和生活经验有很大关系。

个人生活经验是另一个很重要的选题来源。你在日常生活中所面临的一些问题可能会成为某些学科（如心理学）的研究对象。如果这个个人问题包含社会的因素，就可能成为一个社会问题，便是社会学的研究对象。当然，有的个人问题既可以成为社会学，也可以成为心理学等其他学科的研究对象，毕竟任何问题都不是绝对的，都具有一定的普遍性。所以，当我们从个人经历中寻找选题时，需要明确什么样的个人问题可以成为研究对象，并不是所有的个人问题都能转化为学术问题。

那么如何从日常生活中发现问题呢？这就要求你学会将现实生活与理论结合起来进行思考。很多时候，你确实观察到了不少生活现象，却觉得这些现象"理所当然"，似乎没有什么价值；这可能是因为你缺少一些看待问题的视角，通俗来讲就是理论。我们不能够孤立地观察现实生活中的现象，这些都是"已经发生的事实"（"实然"）；另一方面，理论会告诉我们事情"应该是这样的"（"应然"）。"实然"与"应然"之间的差距，也是产生研究问题的重要来源。你可以不断地追问出现这种差距的原因，随着思考的深入，你就有可能发展出一个好的研究问题。

例如，你可能有这样的朋友，他/她在日常生活中沉默寡言，不经常与他人交往，但是到了线上就变得异常活跃，频繁在朋友圈中发表观点，转发、分享帖子，还常常与他人互动，等等。为什么他/她在线上线下会判若两人呢？有的同学就从对周围朋友的观察中发现了这样的差异，结合文献调研工作，确定了自己的研究选题——比较个人在现实环境和虚拟环境中的社会交往差异。所以从日常生活中发现问题、提出问题、思考问题是非常重要的。我们要努力使自己变得更敏感一些，要多去领悟生活中的很多事情和细节带给我们的刺激与启示，不要让它们轻易溜走，要做一个认真的观察者和执着的思考者。

4.2.2 选题来源于与他人的交流

很多好的选题是在与别人的讨论中产生的。与别人交流不仅有助于厘清自己的思路，也能够扩展自己的视野、丰富自己的想法。有时别人不经意的一两句话可能就会激发你的灵感，帮助你找到好的选题。

首先，你可以与导师交流。导师是经验丰富的研究者，因此，当你有想法的时候，不妨多与导师沟通。但是请记住，很多时候需要你自己主动，因为对方并没有主动联系你的义务。许多同学抱怨导师只在论文提交的截止日期前才出现，然而也不妨反思一下自己，学位论文归根结底还是你自己的事情，不要从一开始就将希望寄托在导师身上。如果你的选题与导师的研究方向非常吻合或比较吻合，导师可能会给你提供大量直接有用的建议，帮助你形成一个切实可行的选题，避免在选题的过程中走弯路。如果你的选题与导师的研究方向不太吻合，千万不要想当然地认为导师没有能力指导你的学位论文，以致放弃沟通。正确的做法是仍然与导师保持积极、有效的联系。导师一般具有丰富的研究经验，在一个学科领域内有长期的积累。尽管你感兴趣的方向不是导师擅长的研究领域，但是导师往往很了解如何开展研究工作，因此会给出许多建设性意见，帮助你寻找选题的方向，最大程度保证选题的合理性与科学性。此外，导师也有不少的合作研究者，可以给你介绍合适的老师，提供一定的资源。总而言之，无论在什么情况下，与导师保持积极沟通，对选题的确定至关重要。

其次，你也可以跟同学讨论。除了导师外，通常一个师门或者一个团队里的其他成员也是值得请教的人。你可以采用在小组内部开展头脑风暴的方法，借用多人的智慧帮助你寻找和确定选题。你可以鼓励所有人参与讨论并发表意见，如实记录所有的想法和意见，并评估和选择对自己最有吸引力的内容。如果团队里有比较沉默不善表达的成员，为了避免"沉默的螺旋"效应，也可尝试使用德尔菲法（见专栏4.1）。在说明情况之后，让大家采用匿名的方式写下自己的想法，再集中讨论并剔除大多数人都认为不可行的选题，然后不断地重复前面两个步骤，直到形成一两个选题。这样可以保证每位成员都发表自己的想法，真正达到集思广益的目的。

最后，你还可以去旁听专家报告或者参加学术会议。你可以听听不同领域的专家对于相关领域的看法，甚至和他们直接交流，这样有助于开阔思路，形成新的想法。与此同时，参加学术会议时你可以听取自己领域或相似领域内学者的研究报告，了解目前的研究热点和研究进展情况，也可以分享你的选题想法，并听取他人的意见，在这种信息交换和讨论中，可能就会碰撞出新的选题。

专栏4.1 头脑风暴法和德尔菲法的基本步骤

头脑风暴法

第一步，定义你的问题。清楚地表述你感兴趣的问题，越明确越好。例如，"我对利用社交媒介开展内容营销很感兴趣，但不知道具体的研究问题是什么"。

第二步，寻求与问题相关的所有建议。

第三步，记录下所有的意见，并且遵循以下标准：

1. 在产生想法之前，不要批评或者评价任何人的想法；
2. 所有的想法都应该被记录下来并考虑；
3. 产生尽可能多的想法。

第四步，对所有的想法进行评价并探究其可能性。

第五步，从中挑选出最吸引你的想法并作为研究问题。

德尔菲法

第一步，向你的小组成员简要地阐述你的研究想法。

第二步，当你阐述结束后，小组成员会向你提问，例如如何界定概念，如何划清概念的分类等。你需要进一步补充你的研究想法，给小组成员提供更多的信息。

第三步，小组成员基于已有的信息各自独立地提出三个左右的具体研究问题和想法。

第四步，将想法汇总并分给小组的每一个成员，让组员评论这些想法，并修改。

第五步，将想法汇总后再进行第二轮评论，如此反复几轮，直到所有组员的意见基本达成一致。

4.2.3 选题来源于对文献的阅读

阅读文献在选题阶段至关重要，这也是需要重点阐述的部分。通常来说，阅读文献有两个过程。我们把第一个过程称为"泛调研"，其目的是寻找并明确研究议题；我们把第二个过程称为"精调研"，其目的是把研究议题转换为研究问题（research question）或研究假设（hypothesis）。

4.2.3.1 泛调研

研究者一般都有自己特定的研究兴趣或研究议题（如"社交

媒体""健康传播"和"社会化阅读"),但学生往往没有这样的概念。所以,很多学生可能会犯这样的错误。比如,指导老师问你:"你打算研究什么呢?"你非常自信地回答:"我要研究社交媒体/社会化阅读。"其实,这个时候指导老师想知道的是,你打算从哪个角度来研究社交媒体,或者研究社会化阅读的哪个问题。当然,有些指导老师会根据自己的研究经验和文献积累,直接建议你应该着手研究哪个具体的研究议题。但是,如果指导老师并没有给出明确的建议,你就需要通过文献调研帮助自己聚焦到某个具体的研究议题。

所谓的泛调研主要用来掌握某研究议题的研究全貌,强调检索结果的全面性。因此,你需要尽量搜集该议题下所有类型的文献,包括图书、期刊论文、会议论文、学位论文、研究报告,等等。通常来说,通过泛调研获取的文献数量相对较多。不过你只需要阅读文献的标题和摘要,了解文章的基本结论即可。通过对检索到的文献进行归纳总结,你要对该议题的研究现状有较为系统的了解——哪些角度已经被研究过,哪些角度尚未有人开展研究,哪些角度还有待完善,等等。

我们来举一个例子[①]。进入21世纪后,随着社交媒体的发展,基于互动和分享的社会化阅读日益成为一种备受读者青睐的阅读方式。当阅读和社交媒体相结合时,读书不再仅仅是个人的私密行为,读者在阅读过程中不仅可以自己添加注释,还可以轻松方便地通过数字阅读系统与他人分享内容,查看他人评论,开展在线讨论等。这种阅读形态在很大程度上改变了读者消费文本的习惯,是一个非常值得关注的领域。因此,笔者在2013年前后决定就这个话

---

① LI W, WU Y H. Adolescents' social reading: motivation, behaviour, and their relationship[J]. The electronic library, 2017, 35(2): 246-262.

题开展研究工作。在这个案例中，较为宽泛的研究议题就是"社会化阅读"。当确定了"社会化阅读"这一较为宽泛的研究议题后，我们检索了大量的文献，包括各学科领域国内外的研究。基于各种文献类型的成果，通过文献检索和梳理，我们发现，尽管社会化阅读开始进入学术视野，但相关的研究成果非常稀少。为数不多的文献大多聚焦于社会化阅读的概念特征、平台应用及发展等方面，鲜有研究从读者的社会心理视角开展系统深入的分析。因此，通过泛调研，课题组将"社会化阅读"这一较为宽泛的研究议题聚焦到了"社会化阅读动机"这一具体的研究议题。换言之，我们明确了要从用户动机的角度来研究社会化阅读现象。

看到这个例子，你应该已经明白如何将一个宽泛的研究议题通过泛调研聚焦到具体的研究议题。事实上，在实际的研究中，我们会将文献调研与之前提到的日常生活观察及与他人的交流等途径结合起来。比如，通过对日常生活的观察，你发现某一现象很有意思；这个时候，你可能会找导师讨论，开展文献调研，然后基于讨论结果和文献调研结果确定选题。但需要指出的是，这些过程可能并不是线性的，而是循环反复、互相交织在一起的。

专栏4.2 常见的文献类型和信息源

正如古人所言，"巧妇难为无米之炊"，全面搜集各种类型的文献（主要包括图书、期刊论文和特种文献等）是做好泛调研的基础。

（1）图书

图书是最早出现的文献类型之一。图书的特点是：内容比较系统、全面、可靠，但内容的新颖程度一般，由于出版周期比较长，不能及时反映学科的发展前沿。图书种类多样，但对研究比较有参考价值的主要是学术著作。学术著作是对某个主题进行相对系统论述的图书。它是作者长期积累的知识和科研成果的体现，具有较高的学术价值。

你可以通过所在大学图书馆和大型公共图书馆（如国家图书馆）的联机公共目录查询系统（OPAC）检索图书。WorldCat是联机计算机图书馆中心（OCLC）的在线联合编目，也是当前世界上最大的联机书目数据库。通过WorldCat，你可以检索全球170多个国家和地区主要图书馆的书目数据。国外的Elsevier、Springer，国内的超星、读秀等商业机构或平台在提供电子期刊在线阅读和下载服务的同时，也提供学术图书的下载服务。另外，你也可以通过某些网站免费获取电子图书。如古登堡计划（Project Gutenberg；www.gutenberg.org）就是最早的公益数字图书馆，它面向所有人免费提供已超过版权保护期的电子图书。

（2）期刊论文

期刊是典型的连续出版物，以固定的周期（大多数为月或双月）连续出版，有卷、期或年月标识，具有内容新颖、报道及时、定期出版和形式一致等特点。按内容性质，期刊可分为学术性期刊、行业性期刊和检索性期刊等，其中学术性期刊刊登大量重要的学术研究成果。可以说，期刊论文是目前我们从事学术研究和论文写作时最为重要的参考文献。

你可以通过两类数据库获取期刊论文。第一类为文摘与索引数据库（A&I数据库），这类数据库并不提供论文全文，只提供摘要和索引。如教育学领域的ERIC，图书情报学领域的LISA等。在综合性A&I数据库中，首推由美国科学信息研究所推出的SCI（科学引文索引）、SSCI（社会科学引文索引）或

A&HCI（艺术与人文引文索引），被这三大索引库所收录的论文质量往往较高。Elsevier 旗下的 Scopus 数据库则以量大著名，是全球最大的摘要数据库，且每日更新。第二类为全文数据库。英文全文数据库众多，其中 EBSCO 平台中的 CMMC 数据库（传播与大众媒体全文数据库）就专门收录新闻传播学科领域的期刊论文全文。此外，SAGE 数据库收录 New media & society 和 Communication research 等知名传播学期刊的论文全文，而 JSTOR 数据库重点提供社会科学和人文艺术领域内的过刊全文回溯服务。另外，随着开放存取运动的发展，许多学术资源都可以为用户免费获取，尤其是学术期刊论文。你可以通过 Google 浏览器和 DOAJ 列表免费获取开放存取论文。

（3）特种文献

特种文献指有特定内容、特点用途、特定读者范围、特定出版发行方式的文献，包括会议论文、学位论文等。其中，会议论文是指在会议上宣读或交流的论文。在会议结束后，主办方通常将会议文献结集出版，如会议录、会议论文集和会议论文汇编等。前面提到的美国科学信息研究所也分别提供自然科学领域和人文社科领域的 CPCI 数据库（会议录引文索引数据库）。

你可以通过所在大学的图书馆获取本校的学位论文，也可以通过国家图书馆或中国知网（CNKI）等平台获取国内其他高校的学位论文。另外，PQDD 数据库是获取国外知名高校优秀硕、博论文的好选择。该数据库收录了美国、加拿大等国家 1000 多所大学上百万篇优秀硕、博论文，涵盖文、理、工、农、医等多个学科领域，是目前全球最大和使用最广泛的学位论文数据库。

另外，从平台的角度来看，大型综合性平台会整合各类文献资源，且涵盖多个学科领域。这里向你推荐几个常用的国内外综合性全文检索平台，包括国外的ProQuest和EBSCO平台，国内的中国知网和万方。

① ProQuest平台

ProQuest平台由美国ProQuest公司提供，已有80余年历史。该平台提供各种文献资源服务，涵盖自然科学、社会科学和人文艺术等学科领域。在该平台所提供的众多数据库中，除了上面提及的PQDD学位论文数据库之外，ARL（学术研究数据库）和ABI（商业信息数据库）是两个常用的资源库。其中，ARL是涵盖150多个主题领域的综合期刊全文数据库，ABI是全球历史最悠久的商业期刊集成数据库，收录内容涵盖经济、管理、商业领域的各个学科。

② EBSCO平台

EBSCO平台是由美国EBSCO公司提供，该公司成立的时间（1944年）稍晚于ProQuest（ProQuest的前身为成立于1938年的UMI公司）。目前，该平台提供多个综合性和专业学科数据库的全文检索和下载服务。ASC（学术资源全文数据库）就是其中最为常用的综合性数据库。具有代表性的专业学科数据库除了前面提及的CMCC（传播与大众媒体全文数据库）之外，还有BSC（商业资源全文数据库）和AAC（艺术与建筑全文数据库）等。

③ 中国知网（CNKI）

中国知网是由清华大学学术期刊光盘电子杂志社、光盘国家工程研究中心和清华同方股份有限公司联合主办。1996年开办《中国学术期刊（光盘版）》，1999年创办中国知识基础设施工程（CNKI）。该平台是检索国内学术资源最重要的综合性平台，覆盖多个学科领域，收录多种文献类型，包括中国学术期刊网络出版总库、中国博士学位论文全文数据库、中国优秀硕士学位论文全文数据库、中国重要会议论文全文数据库、中国重要报纸全文数据库和中国年鉴网络出版总库等众多子库。

④万方

万方数据资源系统由万方数据股份有限公司提供，除了集纳各个学科领域的期刊论文、学位论文、会议论文等论文资源，同时提供政策法规和专利技术等全文资源，科技成果、标准和商业机构等题录资源。

4.2.3.2 精调研

确定了具体的研究议题后，你需要再次回到文献，开始第二次文献调研——精调研。虽然通过泛调研获取的部分文献在这个阶段仍然有用，但这两次文献调研的目的截然不同。泛调研强调检索结果的全面性，而精调研注重检索结果的准确性。换言之，通过精调研所获取的文献要与通过第一阶段确定的具体的研究议题紧密相关。

考虑到文献数量可能较多，建议重点关注与具体研究议题相关的两类文献——重要文献和前沿文献。其中，重要文献是指对某一理论或方法具有开创或者重大突破意义的图书或文章，这类文献一般是该领域的种子文献，具有较高的被引量。通过阅读重要文献，你就可以梳理和掌握相关理论或研究问题的基本内容。前沿文献指的是近三年内发表的论文，这些论文由于发表时间近，被引数量不一定很高，但你可以借此了解该问题的最新进展。确定了这些文献后，你需要仔细阅读全文，并且在此基础上把你的具体问题转换为研究问题或研究假设。

仍以前文提到的例子①加以说明。在确定了社会化阅读动机这一具体的研究议题之后，就要着重检索与社会化阅读动机相关的重要文献和前沿文献了。遗憾的是，通过直接检索"社会化阅读 and 动机"或"social reading and motivation"，并未找到相关记录。考虑到社会化阅读是一种基于社交媒体的新型阅读方式，我们分别从两个角度着手查阅文献：（传统）阅读动机和社交媒体使用动机。通过检索"阅读动机"，我们发现，从20世纪90年代以来，研究者开始关注读者的阅读动机，并开发了一系列测量量表，包括由威格菲尔德（Allan Wigfield）和格思里（John T. Guthrie）合作提出的并被广泛运用的MRQ（Motivation for Reading Questionnaire）量表②。MRQ指出阅读动机是一个多维变量，包括11个维度，这些维度又可分为三类动机因素：阅读能力信念、阅读的内外动因和阅读的社会目的。虽然这些量表为我们考察社会化阅读动机提供了较为直接的帮助，但这些成熟的阅读动机量表是针对印刷媒介环境的传统阅读活动而开发的，并未考虑到数字阅读尤其是数字社会化阅读的主题特性。通过检索"社交媒体使用动机"，我们发现"使用与满足理论"是研究者探索社交媒体使用动机的主要理论之一，近些年来研究者利用该理论或在此基础上整合其他理论，探索了互联网用户使用相关社交媒体（如Facebook）或利用社交媒体开展分享行为的动机因素，具体维度则包括消遣娱乐、获取信息、社会交往、自我表露或他人认同等。尽管使用与满足理论及其相关研究为我们提供了很好的基础，但社会化阅读毕竟是一种特定的而非一般意义上的社交媒

---

① LI W, WU Y H. Adolescents' social reading: motivation, behaviour, and their relationship[J]. The electronic library, 2017, 35(2): 246-262.
② WIGFIELD A, GUTHRIE J T.Relations of children's motivation for reading to the amount and breadth or their reading[J]. Journal of educational psychology, 1997, 89(3): 420-432.

体使用行为，因此，基于上述两个角度的文献检索和梳理，我们提出了自己的研究问题：社会化阅读动机是一个多维变量吗？如果是，又具体包括哪些维度呢？

上述例子展示了如何通过"精调研"在第一阶段的基础上提出研究问题。当然，如果在这个文献调研阶段，所得到的理论或文献足以预测变量之间的关系，我们就可以据此提出研究假设。研究问题是以问题的形式出现，而研究假设是以陈述的形式出现；研究问题并没有明确变量之间的关系，而研究假设则需要明确变量之间的关系。

专栏4.3 文献检索基本知识

在了解了基本的文献类型和常用的信息源之后，你还需要掌握一些基本的文献检索知识，其中最为重要的就是选择检索词和根据检索结果调整检索策略。

（1）选择检索词

检索词的确定非常重要，有时检索词选错了，就会"差之毫厘，谬以千里"。举个例子，乍一看，media framing（媒介框架）和message framing（信息框架）是两个很相近的词组，其实并非如此，如果你搞混了，那么获取的检索结果可能就会很混乱。

另外一种情况是，有好几个词/词组表示同一个意思或类似的含义。例如在汉语中，"在线社区""在线社群""虚拟社区"和"虚拟社群"等词语表达的都是同一个意思，英文中的"virtual community"和"online community"等短语也是如此。在这种情况下，如果只输入其中一个，那么所获取的检索结果显然是不全面的。当你有多个检索词时，可以使用"or"这样的布尔逻辑运算符将这些关键词连接起来。

有时候你还会发现，某个单词有多种写法和不同的词性。为了避免逐个尝试的麻烦，你可以巧妙地使用通配符。请注意，不同的检索系统可能使用不同的符号作为通配符，常见的有"*"和"?"等，你可查阅系统的在线帮助获取更多信息。例如，在 WOS 平台中，如果你输入 behavio*，那么系统会默认你要同时检索 behavior、behaviour 和 behavioral 等词。

（2）根据检索结果对检索策略进行调整

在检索文献时，还需根据反馈的检索结果，反复调整检索策略，直到得到满意的结果为止。调整检索字段（检索入口）是个简单又有效的方法。通常来说，主要的检索入口有题名、关键词、主题词、摘要、全文等。同选择检索词一样，选择合适的检索入口也非常重要。检索入口的选择往往决定了检索结果的数量和质量。比如，使用全文检索，结果数量可能会比较大，但会产生一些相关性很低，甚至"风马牛不相及"的结果；使用题名检索，其检索结果往往比较准确，但数量可能偏少。相对而言，使用关键词检索，其检索结果在数量和质量方面会有所平衡。因此，建议你首先选择关键词检索，如有必要，再根据检索结果的数量调整为按题名、主题词或全文检索。

除此之外，你可以通过变更检索词的覆盖范围（如上位类或下位类）来调整检索结果。比如，当检索关键词为"社交媒体使用 and 大学生焦虑情绪"的文献时候，如果发现检索结果过少，你可尝试采用上位词，扩大检索范围，如改成"社交媒体使用 and 大学生心理健康"。如果检索结果过多，除了将检索词换成该词的下位词之外，也可利用数据库的"精炼"功能减少检索数量。目前，不少数据库检索界面都提供了通过限定条件限制检索范围的功能,限定条件包括发表年限、排序方式和学科范畴等。

最后值得推荐的是精确检索。比如利用关键词 media literacy 检索文献的时候,如果发现出现的检索结果过多,可以尝试将检索词加双引号,进行精确检索——"media literacy"。这个技巧尤其适用于网络搜索引擎的检索。你若在使用 Google 学术的时候利用这个小技巧,肯定会获取不错的检索结果。

第5章
"先利其器"：选择研究方法

在确定好选题后，你面临的问题就是选择什么样的研究方法了。事实上，确定选题是在提出问题，而选择和运用方法就是在解决问题。"工欲善其事，必先利其器"，说的正是学习研究方法的重要性。本章从数据收集的角度介绍社会科学常用的几种研究方法，包括常见的量化和质化研究方法。值得注意的是，没有哪种方法是完美无瑕的，任何一种方法都有优缺点。因此，我们主要分析各种研究方法的优缺点。除此之外，我们也将分享选择研究方法的几点注意事项。

5.1 了解量化方法的优缺点

我们经常说的量化研究方法，主要是利用数值表示所收集的资料或信息，并进行量化分析，从而得出有意义的结论。常用的量化研究方法主要有问卷法、实验法和内容分析法。

5.1.1 问卷法

顾名思义,问卷法就是使用编制好的问卷进行调查,通常是抽样调查。相比于实验法,利用问卷法可以进行大规模的调查,调查的范围可以是一个社区、一个城市,甚至一个国家,如调查上海市青少年的新媒体使用情况、中国家庭的二胎生育意愿等。这种调查直接考察现实环境中的问题,而非在实验室中设置条件进行模拟。通过调查,我们可以相对容易地从各类人群中获取大量有用的信息,并同时考察多个变量(如性别、年龄、动机、态度、行为等)的基本情况或彼此之间的关系。由于实施方式多样,问卷法也不受地理条件的限制,如果不方便实地发放问卷,还可以借助电话、电子邮件等方式。另外,问卷法具有很好的匿名性,受访者可以安心填写问卷。比如你在做一个关于公司下属对上级领导的工作满意度的调查,匿名的问卷可以让填答者不用担心结果对自己造成不利的影响。

但是,问卷法也有一些缺点。首先,它不能像实验法那样在实验室环境中对自变量进行直接操控,因此很难确定自变量和因变量之间的因果关系。严格来说,即使一项问卷调查确定了自变量 A 和因变量 B 之间有关系,也不能仅凭一次问卷调查就得出 A 导致 B 的结论,因为这两者的关系可能受到诸多干扰变量和外部变量的影响。其次,问卷调查的填答一般采用自我汇报的形式,收集到的数据依赖于受访者的自我汇报,因此在一些情况下,回收的问卷数据可能不符合真实情况,这可能是由于受访者出现记忆偏差,也有可能是受访者为了迎合提问者的期许故意给出错误答案。此外,问卷调查过程中被受访者拒绝的可能性也比较大。比如,电话调查很有可能会被某些受访者挂掉电话,入户调查也可能会被拒之门外。最后需要指出的是,虽然也能通过问卷调查进行历时性或纵贯研究,但难度比较高,所以问卷法更多地被用于收集某一特定时间内的数据,进行截面研究。

随着互联网的普及和社交媒体的兴起,在线问卷调查的使用越来越广泛。在线问卷调查就是借助互联网发放和回收问卷。商业领域常用的在线问卷通常是使用网站的弹出式广告、静态广告、活动链接等形式,而学界多是通过一些既有的问卷平台发放问卷。这些问卷平台会提供问卷的链接、二维码或小程序等,方便在社交媒体上转发和分享。显然,相对于传统的问卷发放方式,在线问卷调查易于实施,将设计好的问卷在互联网上发布并扩散后,只需要等待收集问卷结果即可。通过后台操作,可以控制问卷停止发放时间或再次调查开始时间,如此就可以根据问卷填答的实时情况,及时调整或修改问卷内容。另外,在线问卷调查的平台通常可以直接导出Excel或SPSS等类型的调查结果数据,节省了数据录入的时间和精力。但是,在线问卷调查也有诸多问题。和通过电子邮件发放问卷一样,通过互联网将问卷扩散出去之后,填写问卷的人很有可能不是你要找的受访者。同时,由于无法确定完成调查问卷的到底是谁,因此这些互联网用户样本对总体的代表性存在一定的问题(虽然目前越来越多的人成为互联网用户,但是这仍然只是总人口的一部分)。

专栏5.1 国内部分大型问卷调查

除了根据自己的研究设计并实施问卷调查外,我们还可以利用已有的一些问卷,尤其是国内一些大型问卷调查数据,比如中国综合社会调查(CGSS)、中国家庭追踪调查(CFPS)、中国劳动力动态调查(CLDS)、中国教育追踪调查(CEPS)等,这些调查数据一般会向社会全面或部分公开,获取数据的具体途径可在相应的高等院校或科研机构官网查看。

显然,利用这些大型问卷调查数据最大的优点是不需要亲自采集数据,但这个优点也伴随着固有的缺点,那就是原始数据收集者的目的可能与你的研究目标并不吻合,像CGSS这样的大型社会调查数据,虽然已经包含多个层次及上千个变量,但是否能完全涵盖你所需要的变量呢?即使包含了你想要的变量,但对变量的测量是否又和你想象中的一致呢?……这些都是需要考虑的。

以下是对国内一些大型问卷调查的介绍。

中国综合社会调查(CGSS)

CGSS由中国人民大学中国调查与数据中心(NSRC)负责执行,是我国最早的全国性、综合性、连续性学术调查项目,系统、全面地收集社会、社区、家庭、个人多个层次的数据,总结社会变迁的趋势,探讨具有重大科学和现实意义的议题,推动国内科学研究的开放与共享,为国际比较研究提供数据资料,充当多学科的经济与社会数据采集平台。从2003年至2008年,CGSS一共进行了五次年度调查,完成了项目的第一期。自2010年起,CGSS开始了项目的第二期,从2010年开始到2019年为止,每两年进行一次调查,共进行五次调查。

中国家庭追踪调查(CFPS)

CFPS由北京大学中国社会科学调查中心(ISSS)实施,旨在通过跟踪收集个体、家庭、社区三个层次的数据,反映中国社会、经济、人口、教育和健康的变迁,为学术研究和公共政策分析提供数据基础,是一项全国性、大规模、多学科的社会跟踪调查项目。CFPS样本覆盖25个省/直辖市/自治区,目标样本规模为16000户,调查对象包含样本家户中的全部家庭成员。CFPS在2008年、2009年两年在北京、上海、广东三地分别开展了初访与追访的测试调查,并于2010年正式开展访问。

中国劳动力动态调查(CLDS)

CLDS由中山大学社会科学调查中心(CSS)负责,通过对中国城市和农村的村居进行两年一次的追踪调查,建立了以劳动力为调查对象的综合性数据库,包含劳动力个体、家庭和社区三个层次的追踪和横截面数据,可为实证导向的理论研究和政策研究提供高质量的基础数据。CLDS以劳动年龄人口为对象,以劳动力的教育、就业、劳动权益、职业流动、职业保护与健康、职业满足感和幸福感等的现状和变迁为核心;同时对劳动力所在社区的政治、经济、社会发展,对劳动力所在家庭的人口结构、家庭财产与收入、家庭消费、家庭捐赠、农村家庭生产和土地等众多议题开展调查。

中国教育追踪调查(CEPS)

CEPS是由中国人民大学中国调查与数据中心(NSRC)设计与实施的、具有全国代表性的大型追踪调查项目,旨在揭示家庭、学校、社区以及宏观社会结构对于个人教育产出的影响,并进一步探究教育产出在个人生命历程中发生作用的过程。CEPS以2013—2014学年为基线,以初中一年级(7年级)和初中三年级(9年级)两个同期群为调查起点,以人口平均受教育水平和流动人口比例为分层变量,从全国随机抽取了28个县级单位(县、区、市)作为调查点。调查的执行以学校为基础,在入选的县级单位随机抽取112所学校、438个班级进行调查,被抽中班级的学生全体入样,基线调查共调查了约2万名学生。CEPS在初中阶段逐年进行追踪调查,计划在学生初中

> 毕业后的第1年、第3年、第4年、第7年、第8年、第17年、第27年进行追踪调查,整个调查周期长达30年,并计划第10年新起一个从7年级开始的周期群。

5.1.2 实验法

实验法是另外一种比较常用的量化研究方法,分为控制实验和自然实验。其中,控制实验较为常见。这种实验的目的在于验证自变量在某种条件下对因变量可能具有的影响,需要研究者预先提出一种因果关系的尝试性假设,然后通过实验来进行验证。因此,它的最大优点在于"控制"。你可以操控自变量,保证自变量确实发生在因变量之前,所以控制实验是确立因果关系的最佳研究方法之一。相较于问卷调查,控制实验可以有效地控制研究中可能存在干扰因素的其他变量。另外,不同于问卷调查(尤其是在跟大规模样本问卷调查做比较的时候),控制实验通常所需的被试数量较少。控制实验也具有较好的可重复性,研究者可以较为容易地复制前人的研究,或者在前人基础上通过改变一些条件做补充研究。

但是,控制实验最大的缺点是会受到人为因素的影响。控制实验的操作环境是实验室内的人造环境,与复杂多变的社会现实环境还是有一定的差异的。而我们研究的很多人类行为,一旦离开了其自然发生的环境,就会发生改变。因此,控制实验虽然具有良好的内在效度,但其外在效度往往相对有限。一旦脱离了实验情境,研究结论在多大程度上能推广到其他情境是一个问题。另外,由于控制实验的被试通常较少,所以要利用它研究规模较大的群体的行为难度较高。

由于控制实验中人为因素造成的影响较多,有学者使用自然实验法来克服这些问题。自然实验也叫现场实验,即将实验放在社会环境中进行。与控制实验相比，自然实验最主要的优点就是具有较好的外在效度，被试的行动不受实验环境的影响。而且与控制实验不同的是，自然实验的被试在大多数情况下不会意识到自己在参与实验。而且，当现实中的某一情境无法在实验室中模拟时，自然实验法便是很好的实验方法。比如，研究者可以在一个市场里播放A版广告，而在另一个条件匹配的市场里播放B版广告，通过观察顾客在市场里购买广告产品的情况，来评价两个版本的广告哪一个在说服顾客购买产品方面更有效。虽然自然实验的环境更接近社会现实环境，但由于无法很好地控制变量，不能像控制实验那样很好地验证变量之间的因果关系。这也是自然实验法最主要的缺点。

专栏 5.2 实验设计的常见"陷阱"和解决方法[①]

> 一个好的实验设计除了有效操纵自变量之外，还要尽可能确保控制其他可能会对因变量产生影响的潜在变量。如果没有处理妥当，就很容易掉入实验设计的"陷阱"。
>
> "霍桑效应"说的就是一种典型的实验设计"陷阱"。20世纪二三十年代美国西部电器公司对提高工人士气和生产效率很感兴趣，并开展了一系列实验（如增加照明）以改善工人的工作环境。不管实验进行什么控制，结果都会使工人的生产效率提高。研究者后来意识到，这是因为工人知道自己是一个"特殊"群体，所以一直尽全力工作。心理学家把导致被试猜测实验目的或实验者期望的一些有用线索称为"要求特征"。显然，在这项研究中，要求特征比真正的实验控制更能影响工人的生产效率。用于开展实验的这家工厂名叫霍桑，霍桑效应

[①] 坎特威茨，罗迪格，埃尔姆斯，实验心理学：第九版[M]，郭秀艳，等译，上海：华东师范大学出版社，2010: 77-85.

因此得名。

与要求特征密切相关的另外一个"陷阱"是实验者效应，即由于实验者不经意地向被试流露出自己的期望以致影响了实验结果。比如被试出现正确反应时，实验者无意间点了点头，而当被试出现错误反应时，实验者又无意间皱了皱眉头。消除实验者效应的最好方法是采用双盲实验，由于实验者本身也不知道实验目的，所以无法就被试的不同反应做出下意识的"回应"。另外，也可以借助计算机或其他设备开展实验，实验者仅仅是监督设备和被试，确保被试能够根据指导语进行操作即可。这种自动化操作无疑能够减轻由实验者效应带来的潜在危害。

从设计类型的角度来看，被试间（组间）设计和被试内（组内）设计是两种最基本的方案（混合设计只是将两者结合起来）。被试间设计是一种保守方案，一种处理方式不会"污染"另一种。但是，这种方式存在的"陷阱"就是个体间的差异会降低结果的有效性。比如研究者开展一项被试间设计实验，希望检验信息的不同呈现方式（纯文字或文字加图片）是否会影响被试对内容的理解。就算两组被试的结果存在差异，研究者也无法回答这个问题，因为两组被试对内容理解本身就有可能存在差异。解决这种"陷阱"的常用方法是随机化，将每个被试随机分配到任何一组中。但随机化也并不能保证组间一直无差异，尤其是被试数量较少的情况下。如果研究者需要特别控制被试的某个或某些特征，可采用匹配技术。

相对而言，被试内设计更为经济，也不存在个体差异问题。但这种设计也存在一些"陷阱"，典型的就是一般练习效应。比如不管被试先浏览以何种形式呈现的内容，当再浏览以另外一种形式呈现的内容时,他们对内容本身已有一些了解了。由于这种效应对所有的处理条件都相同,实验者可以通过平衡技术进行控制,即随机选择被试接受不同次序的实验处理。另外,被试内设计也可能存在差异延续效应,即实验的前部分对后部分的影响随着处理方式的变化而变化。比如被试看完以文字加图片的内容后,当开始浏览纯文字内容时,脑子里可能会想着刚才的图片,这就破坏了自变量两个水平的差异了。为了消除差异延续效应,除了平衡技术之外,实验者也可考虑在被试接受两种不同处理条件之间间隔足够长的时间。

5.1.3 内容分析法

内容分析法指的是对信息的内容和形式进行系统的、客观的和量化的分析,也是一种常用的量化研究方法。与前面提到的问卷法、实验法不同,内容分析法是一种典型的非介入性研究。简单地说,这是一种在不影响研究对象的情况下研究社会行为的方法,因此不用担心由于研究本身对研究对象的影响而造成研究结果有偏误的情况,并且也不用过于担心伦理问题。相对于问卷法(尤其是大型问卷调查)、实验法等,内容分析法耗时耗力更少,而且也更"经济"。尤其现在计算机辅助编码程序(如 TextSmart、ProfilerPlus)有了较大的发展,也为内容分析中的编码工作提供了便利,这也是很多新闻传播学方向的同学选择内容分析法的主要原因。与问卷调查和实验调查相比,只要你能够获取资料并加以编码,就可以较为容易地从事内容分析工作。

其次,内容分析法也更"安全",在研究过程中发现问题时,重新进行研究较为方便。如果你发现调查或实验做得有问题,可能不得不重复整个研究计划,但很多时候重做一遍不太现实。比如,当你发现问卷中有个核心变量的测量有误时，你无法单独就该变量再次收集数据；但当你意识到某个变量的编码有问题的时候，完全可以对该变量再进行单独编码。另外，量化内容分析对数据分析的技巧要求较低，通常只需要开展简单的描述统计和卡方差异检验就好。

但是，传统意义上的内容分析法最大的局限性在于所分析的内容局限于信息本身（比如媒介内容本身），仅使用内容分析法无法判断信息对接受者的影响，也不能推断信息源或传播者的特征或意图，因此有时需要与其他方法结合，比如在传播学研究历史上，议程设置理论和涵化理论都是将内容分析研究结果与受众调查分析进行结合的典范。著名内容分析学者纽恩多夫（Neuendorf）提出了将信息本身与信息源或接受者进行关联的"整合模式"，从而更好地理解信息变量与其他非信息变量之间的关系，借此洞察信息源的特征或信息的传播效果。纽恩多夫和纳卡拉托（Naccarato）的论文就利用内容分析法分析广告的特征，然后将这些特征变量与对应广告的传播效果关联起来，用于探索影响广告取得成功的信息因素。[1]他们随机选取了在一份行业杂志中出现的广告（$n=247$），然后利用该出版商的读者调研报告获取了这些广告的传播效果信息（包括读者对广告的阅读量、回忆率等变量）。通过将广告信息特征与受众反映相关联，他们发现了能够成功影响B2B广告传播效果的形式特征和内容特征，最后得到的研究结论与业界某些普遍的看法有所不同甚至截然相反。

---

[1] NACCARATO J L, NEUENDORF K A.Content analysis as a predictive methodology: recall, readership, and evaluations of business-to-business print advertising[J]. Journal of advertising research, 1998, 38: 19-33.

专栏5.3 计算机辅助文本分析（CATA）[①]

从实现方式的角度来看，内容分析法可分为人工编码分析和计算机辅助文本分析（CATA）。由于具备快速运算的功能和良好的内在信度，CATA非常吸引人。但是，CATA也存在不少缺陷。很少有人对CATA和人工编码展开直接的比较。在为数不多这样比较的研究中，学者康威（Conway）在对2002年美国得克萨斯州州长初选期间的报纸文章进行研究时，对人工编码与CATA做了直接的比较，证实了他过往研究的发现：CATA更擅长简单的词频统计，而对于更为"精细"的编码（比如变量之间存在的细微差别），效果则没有那么好。

另外一个比较重要的问题就是"黑箱"测量，这个问题值得引起研究者的注意。许多CATA程序并没有公开发布它们对概念的测量方式以及构建内部词库的方法。大部分CATA程序没有分辨歧义的能力（例如无法分辨单词"well"在作为副词、形容词、感叹词和名词时的不同含义），也无法识别有意义的"否定"形式（例如"他不是一个富有的人"可能会被编码成表示"富有"，而不是这句话真正要表达的意思——"不富有"）。使用CATA，就好像将文本输入一个"名副其实"的黑箱中，然后等待结果自动浮现。造成这种类似暗箱操作的主要原因是商业软件的专利专有性质。在提供词库的单词列表方面，有些软件（如DICTION）比大多数软件更为公开，但所提供的文档仍然没有公开将众多词库单词整合为指标分数的具体算法。

因此，在使用CATA开展自动分析的时候，使用者应该充分了解词库的本质以及使用它们的正确方法。总的来说，我们

[①] 纽恩多夫. 内容分析方法导论：原书第2版[M]. 李武，等译. 重庆：重庆大学出版社，2020：152-153.

> 同意格里莫尔（Grimmer）和斯图尔特（Stewart）对CATA的评价："自动化的方法……不能代替人工编码的仔细思考和认真阅读，并需要广泛且聚焦于具体问题的效度检验。"[①]

5.2 了解质化方法的优缺点

说完量化方法，我们再来介绍质化方法。质化研究方法是一种对社会现象或经验进行直接描述和分析的研究方法。不同于量化方法，质化方法收集到的数据并非以数字表示，而是观察记录、访谈记录、相关文件或日志等。常用的质化方法有访谈法和观察法。

5.2.1 访谈法

访谈法中使用较多的是深度访谈和焦点小组。深度访谈是一对一的访谈，相比于问卷调查和焦点小组，它能收集到更丰富、更深入的资料。对于一些敏感问题，深度访谈可以提供更为深入的信息。它还可以使你了解受访者的思考过程，特别是较为细微的心理变化。并且你还可以用受访者口中生动具体的话语来描述现象，让读者深切地体会到受访者的感受与思考。但是，不同于问卷调查在程序和内容上的标准化，深度访谈中每位受访者对同一问题回答的深入程度都可能存在一定的差异。另外，深度访谈多是半结构化或非结构化的访谈，在访谈过程中，许多问题是根据双方的讨论和推进情况而定的，所以向某一个受访者提出的问题，在对其他受访者的访谈中可能没有问及。尤其需要指出的是，一个深度访谈做得好

[①] GRIMMER J, STEWART B M. Text as data: the promise and pitfalls of automatic content analysis methods for political texts[J]. Political analysis, 2013, 21(3): 267-297.

不好，主要取决于研究者的访谈技巧——能否创造出一个融洽的访谈氛围。好的访谈可以让受访者侃侃而谈，甚至得到研究者之前忽略或意想不到的信息；然而如果没有掌握好访谈技巧，受访者不仅会觉得不自在，在访谈过程中还有可能敷衍，导致研究者无法收集到想要的信息。

与深度访谈不同的是，焦点小组是一种群体讨论形式，最佳的参与人数一般为6~12人。这种访谈方法能够帮助研究者收集到有关某一现象或议题的初始信息，这些初始信息可以验证研究者的研究想法，进而利用其他研究方法（如问卷法）对该现象或议题做进一步的研究。焦点小组的好处在于，它可以在短时间内收集到大量信息。相比于深度访谈，它所需的访谈时间较短，成本也相对较低。一个好的焦点小组可以使小组成员之间的想法得到互相激发，产生有益的"雪球效应"。但进行群体讨论时，研究者也必须面对"群体"带来的问题，例如群体压力。群体压力指的是，当一个人的意见在群体中占少数的时候，他可能会不愿意公开自己的真实想法。因此，焦点小组需要一个优秀的主持人，能够营造每个参与者都愿意参与其中并积极发言的气氛，同时确保参与者的发言不偏离主题。素质良好的主持人必须具备突出的观察、互动和沟通技巧，能够识别和克服任何影响小组讨论顺利进行的因素。

专栏5.4 访谈的技巧[①]

如何提问

提问是一门技术，也是一门艺术。在访谈中，提问占据着重要地位。访谈开始时，我们不要直接切入主题，可以和受访者聊聊天，询问一下对方的个人经历、生活背景和工作情况等，

[①] 陈向明. 质的研究方法与社会科学研究 [M]. 北京：教育科学出版社，2000：182-210.

甚至可以就双方共同感兴趣的话题先闲聊一会儿，这么做可以使访谈的气氛变得比较轻松，增进双方的情感交流，减少双方心理上的隔阂。这也是你和受访者建立关系的过程。

访谈的问题有开放式和封闭式之分。一般来说，访谈中尽量多提开放式问题，但是也要考虑到受访者的个人特点和访谈的节奏，适当地搭配封闭式问题。另外也要学会追问，当受访者说出你觉得很有意思的事情时，你可以继续追问下去，这样既可以深入了解受访者，又表达了你对受访者回答的重视和兴趣。访谈提出的问题也是讲究顺序的，不是想到什么就问什么。一般来说，我们可以先问一些开放式问题，比如"您对某个事情怎么看"，然后过渡到半开放式问题，比如"您为什么会这么做呢"，最后可以追问"您这么做是因为某个具体的理由吗？"一步一步对问题进行聚焦。同时访谈的问题也要由浅入深、由简入繁。访谈过程中，我们也可能会遇到一些紧急情况需要暂停访谈，这时就要用一些过渡的问题承前启后，防止受访者注意力分散或岔开话题。

如何倾听

"问"和"听"是双向的，学会在访谈中倾听，既可以让受访者对你产生好感，也可以让受访者更容易畅所欲言。为了让受访者感觉到你是一个很好的倾听者，首先不要轻易打断受访者，受访者在说话的时候一般有自己的动机和逻辑，即使有时受访者跑题了，也应该用过渡性的问题将受访者拉回访谈的话题。其次，访谈中受访者难免出现沉默，这时不要着急打破沉默。学会"倾听"沉默也是一种礼貌，之后可以使用一种温和友好的方式，试探性地询问对方在想什么。

> **如何回应**
>
> 访谈中除了要主动提问题，认真倾听，还要适当地做出回应。比如，当我们认可受访者时，可以回应"嗯""对""是嘛"等，也可以点头、微笑。有时重复或总结受访者说的话也是一种回应。比如受访者说："最近都晚上十二点下班，工作很忙……"你就可以回应说："是嘛，您这么晚下班啊，工作很辛苦啊。"如果受访者的经历与你有相似之处，你也可以回应："对，我以前也这样。"用这样的方式可以拉近与受访者的距离，让受访者放松下来。但是，注意不要对受访者的行为或语言做价值判断，不要说"好"或"不好"这样的评判话语。同样，也不要在回应中出现过多的专业术语，以免受访者觉得你"高傲自大"。

5.2.2 观察法

常常和深度访谈搭配使用的是观察法，其中用得比较多的是参与观察。参与观察需要你深入到研究对象的日常工作和生活中去，在与他们的互动过程中收集资料。它最大的好处就是可以获得第一手资料，甚至可以获取一些内部信息，而这些是通过其他方法得不到的。参与观察由于是在自然真实的环境中进行的，因此它得到的资料能够展现很多真实的细节。另外，相对于访谈而言，参与观察对被访者表达能力的要求较低，你只需如实记录他们的语言、行为等信息即可。参与观察和焦点小组一样，也是一个很好的用于先验研究的方法，它同样可以识别出重要的变量，并提供有用的初始信息。如前所述，控制实验很难研究群体行为，而参与观察却非常适合研究群体行为。因此，民族志和田野研究常常结合参与观察和非正式访谈获取资料。参与观察的缺点在于观察过程和观察结果都强烈地依赖观察者的敏感性、领悟能力和解释技巧，受观察者主观因素的影响较大。另外，参与观察仍然是"介入"的——当观察者进入一个社区或群体，是否会对被观察者的行为、生活环境等产生影响是值得讨论的，这种影响可能不仅限于对研究结果产生影响，也可能存在伦理上的问题。

随着互联网研究的发展，一种在线的参与观察法应运而生。这种在线观察也叫网络民族志。网络民族志适用于在线社区中的社会互动和文化研究。它有效地结合了"社会网络分析"和"民族志"，为探究线上社会环境提供了新的思路[1]。与传统民族志需要进入实地（如某个社区或社群）进行观察不同，网络民族志在网络虚拟空间（如社交平台、网上论坛等）中观察，被观察对象的言语和行为表现可以被自动保存下来，这既节省了研究者处理观察材料的精力和时间，也确保了观察内容的准确性。

专栏 5.5 观察的技巧[2]

如何进入田野

参与观察需要研究者进入田野或现场，根据是否公开研究者身份，我们可以将进入田野的策略分为两种：一种是"公开式"，另一种是"隐蔽式"。前者一般会取得当地有关部门的许可，被观察者也知道研究者的意图。这种方式的缺点是，当你进入田野后，被观察者可能会有意改变他们的生活和行为习惯，你观察到的不一定是田野中真实发生的结果。而采用"隐蔽式"方式进入田野，则不用考虑这个问题，但是可能会受到伦理和道德上的质疑。被观察者有知情权，我们也应当尊重他们的知情权。

---

[1] 孙信茹. 线上和线下：网络民族志的方法、实践及叙述[J]. 新闻与传播研究，2017，24(11): 34-48, 127.
[2] 乔金森. 参与观察法：关于人类研究的一种方法[M]. 张小山，龙筱红，译. 重庆：重庆大学出版社，2015: 33-98.

但有研究者表示，无论用哪种方式进入田野，都存在一定的伦理困境。即使以"公开式"方式进入田野，也不一定会向每一个人说明研究的真实目的。而用"隐蔽式"方式进入田野时，研究者一般会基于个人兴趣先深入到某个田野，然后才决定进行正式的参与观察，不可能让碰到的每一个人都知道他们自己最终可能会被视为研究对象，在这种情况下，无意的"欺骗"在所难免。

如何与被观察者建立联系

无论是通过哪种途径进入田野，你都需要和被观察者建立一定的信任关系。有研究者认为，既然用"公开式"方式进入田野时不会向每一个人透露研究目的，不如先找几个"线人"帮助自己拉近与被观察者之间的距离，在与当地人建立起一定的信任关系后，再把研究目的告诉他们。因此，"线人"既可以帮助你更快地进入田野，也可以帮助你更好地与研究对象建立信任关系。

既然要参与观察，你就要参与到当地人的生活中，要以一名"局内人"的身份观察身边发生的事情。要获取真正的"局内人"——被观察者的信任，你要尊重并顺应当地的风俗习惯、道德规范和生活方式。你还要熟悉当地人的语言习惯，尽可能多地参加他们的活动，特别是非正式组织的活动。在条件允许的情况下，帮助被观察者解决困难是个不错的做法，这样既能增进友谊，还有可能搜集到一般情况下难以得到的资料。

如何观察

在进入田野后，观察主要分为两个步骤，先是"无焦点式"的观察，然后是"聚焦式"的观察，这两个步骤与深度访谈极其相似。"无焦点式"的观察是为了熟悉自己所进入的田野，尽量不要带着预设进入田野观察，因为先前的经验和知识也许会让你的观点有失偏颇。在这个阶段，你收集的资料也是比较笼统和宽泛的，目的就是把握田野的基本特征，找到自己感兴趣的问题和事物，为下一阶段的观察做铺垫。

"无焦点式"的观察结束后，你就要对特别感兴趣的事物进行"聚焦式"的观察。这个阶段需要你在田野中更多地参与人们的活动，在与"局内人"交往的过程中，可以一般性或专门地了解所要研究的问题。开始时，你可能会遭遇一些尴尬的场面，但当你的参与行为成为当地人眼中的一种日常行为时，便可以较为集中地向当地人提出具体问题。提问题也有一定的技巧，与正式访谈不同，参与观察时提出的问题更接近普通的日常生活谈话，更像是一种不经意的提问。

5.3 如何选择合适的研究方法

通过阅读以上的内容，你应当已经对社会科学常用的研究方法有了大致的了解，但是，应该如何从中选择呢？某个方法在使用的时候，需要注意什么问题呢？我们在这里跟你分享四点注意事项。

5.3.1 根据研究问题选择方法

研究问题是你选择研究方法时要考虑的首要因素。《爱丽丝梦游仙境》中有这么一段对话。爱丽丝向柴郡猫询问路线，柴郡猫回答"这在很大程度上取决于你想去哪"；爱丽丝接着表明"其实自己并不太关心去哪里"，柴郡猫就说"那你选哪条路线都无所谓了"。正如这段对话所展示的，选择哪种研究方法往往依赖于所要研究的问题。

现在有一种过度强调统计的倾向，不少人认为采用高级和复杂的研究统计工具，建构一个复杂"酷炫"的模型就能够体现出"学术贡献"。这种本末倒置的想法是不对的。研究方法都是为研究问题服务的，能够准确地解决和回答研究问题才是重点。其实，不同学科的研究问题倾向于采用不同的研究方法，比如，自然科学多使用实验法，而社会科学多使用问卷法、访谈法等。近年来，也有社会科学借鉴自然科学研究方法的趋势，但你首先还是要考虑自己的研究问题是否适合这个方法。同时，同一学科中，研究问题的性质不同，采用的方法也存在差异。例如，在新闻传播学中，同样是在探究"移动新闻客户端"，如果探索的是"用户对移动新闻客户端的持续使用意愿及其影响因素"，问卷法可能会比较合适；如果探索的是"移动新闻客户端的新闻报道特征"，内容分析法无疑更为合适。

5.3.2 根据自身能力选择研究方法

除了选题方面的匹配之外，你还要根据自己的实际能力选择研究方法。著名管理学家徐淑英曾在她的著作《求真之道，求美之路》中告诫读者：只有一半的知识比没有知识更加糟糕。[①] 她提醒我们，如果不了解某种研究方法，不要盲目冒险。比如，当你的研究涉及实验法时，最好团队中至少有一人具有扎实的实验知识积累，如果你们对实验没有一点经验，开展相关研究需要慎重。优先选择自己学过或使用过的研究方法，而非陌生的方法，这样可以减少研究过程中由于方法不熟练造成的错误。如果你对社会科学的统计应用驾轻就熟，那么量化研究方法可能会让你觉得得心应手；如果你对文字材料有较强的驾驭能力，那么访谈法和文本分析法等方法可能更加适合你。

---

① 徐淑英. 求真之道, 求美之路: 徐淑英研究历程[M]. 北京: 北京大学出版社, 2012: 528.

当然，这么说并不是想打击你学习和尝试新方法的积极性，而只是想提醒你，不能盲目地选择自己不熟悉的方法进行学位论文写作。毕竟，学位论文的写作有明确的时间要求，若随意选择自己不熟悉的方法，可能需要较长时间的学习，而且也存在较大的风险。你应该在求学阶段就好好熟悉所要使用的研究方法，而不是"临时抱佛脚"。另外，你的性格也对选择研究方法有一定的影响。比如，性格比较外向的同学采用实地调查的方法可能游刃有余，而性格内向的同学采用实验法或在线问卷法可能更合适。

5.3.3 注意传统方法的创新应用

在本书的开头，我们提到研究的创新不仅体现为研究选题、研究视角等方面的创新，还体现为对研究方法的创新，其中就包括对传统方法的创新应用。那么，什么样的研究可以说是对传统方法的创新应用呢？混合研究就是一种典型的创新。你可以根据研究不同阶段的问题需求，适当地使用不同的研究方法。在混合研究中，通常先采用探索性的质化研究方法，如选择目标人群开展焦点小组或者利用观察法增进对所要研究问题的理解，此时前期的质化研究可以为后续的量化研究提供研究框架。如果直接采用大规模的问卷调查，有可能会忽略重要的因素与问题。但是，有时质化研究也会在量化研究之后进行，这时的质化研究主要目的是帮助研究者更好地理解那些通过量化研究获取的结果。

此外，特别值得提及的是，定性比较分析（Qualitative Comparative Analysis，简称QCA）也是对传统质化研究方法和量化研究方法整合的创新应用。QCA方法是由查尔斯·C.拉金（Charles C. Ragin）教授开发创建的，它超越了质化和量化的界限，通过将案例视为条件的组态，用条件组态代替自变量，用组态思想代替净效应思想，用集合关系代替相关关系，使社会科学研究从线性分析步入一个"集合"分析的时代。由于整合了质化分析和量化分析的优势，该方法既适用于小样本或中等样本的案例研究，也适用于大样本的量化分析，并大大提升了理论的实践切题性，使组态比较分析在社会科学的诸多领域具有广泛的应用前景。鉴于QCA方法在方法论层面上的巨大突破和创新，2009年美国社会学会主办的期刊《当代社会学》曾刊文把拉金教授开创该方法这个事件称为"拉金革命"。[①]

5.3.4 正确运用新兴方法

新的方法层出不穷，比如时下的"大数据"分析方法正成为大家争相尝试的新方法。不同于以抽样为基础的问卷调查，"大数据"号称能够直接利用总体数据实行研究，不再需要抽样；此外，由于其不干涉研究对象（在线实验除外），相对于问卷调查而言，具有较强的客观性，尤其是在用户行为的研究中。而且，虽然实际上研究者用到的"大数据"不一定就是研究总体的数据，但样本数量的确远远大于传统的问卷调查。然而，正如之前说过的那样，选择自己不熟悉的方法要慎重，选择这些新兴的方法更要慎重，新的方法固然"炫酷"，但是同样具有许多"陷阱"，尚需先驱者们探索。

目前在学界普遍被提到的"大数据"是指从互联网上获取的数据，一般使用一些爬虫程序批量获取（也有研究者与互联网公司合作取得数据），"全"和"多"是其主要特征。然而，和使用二手数据一样，利用这种方法所能获取到的变量是有限的，得到的数

---

① 里豪克斯，拉金. QCA设计原理与应用：超越定性与定量研究的新方法[M]. 杜运周，李永发，等译. 北京：机械工业出版社，2017：译者序.

据一般仅限于用户的行为数据,而想要获得对应用户的认知数据则难上加难。当然,也可以使用"替代变量"的方法,用所获取的行为变量或信息特征变量代替用户心理变量,但是这种"替代"能有多好,是需要慎重思考的。从这个角度来看,利用大数据分析可以就用户的基本行为信息开展很好的描述性研究,回答"是什么"和"怎么样"的问题,但在洞察用户行为背后的动机、态度和意愿等方面则有些"捉襟见肘"。

随着样本量的增大,常用的统计分析方法是否仍然有效,这也是一个需要考虑的问题。比如利用"统计上的显著性"来判断回归系数是否为0(也就是自变量对因变量是否存在影响),在当样本量非常大的时候,由于抽样误差而得到既有统计结果的可能性十分小,p值一般极小,达到"统计上的显著性"非常容易,此时常用的统计分析方法又是否适用呢?因此,当你选择使用"大数据"方法的时候,需要意识到可能存在类似这样的问题。

专栏5.6 研究方法书目推荐

本章主要介绍的研究方法

本章主要介绍了问卷法、实验法、内容分析法、访谈法和观察法等研究方法,我们针对每种方法各向你推荐一本书,你可以通过阅读这些书更加详细地了解这几种方法。

1.吴明隆.问卷统计分析实务:SPSS操作与应用[M].重庆:重庆大学出版社,2010.

这本书完整地介绍了问卷法中的数据处理与统计分析流程,除了对基本的统计原理进行解析之外,还讲解了SPSS在量化研究上的应用。内容包括问卷编码、创建文件与数据处理转换、预测试问卷之项目分析及信效度检验,以及正式问卷常用的统计方法等。

2.坎特威茨,罗迪格,埃尔姆斯.实验心理学:第九版[M].郭秀艳,等译.上海:华东师范大学出版社,2010.

这本书介绍了心理学研究中的基本问题以及实验法在具体研究领域(如知觉、记忆、学习和思维)中的应用。作者从大量心理学史料和事实中总结出一些实验方法的操作过程与应用模式,将其有机地整合到真正的研究情境中,使读者对实验法的具体应用有深刻的认识。

3.纽恩多夫.内容分析方法导论:原书第2版[M].李武,等译.重庆:重庆大学出版社,2020.

这是一本全面介绍内容分析法的经典教材,包括讯息单元、抽样、变量选取和测量等技术性内容,也包括对该方法在互动时代的发展问题的探讨以及在各种情境中的应用分析。与此同时,作者系统阐述了内容分析法的整合路径方案(将讯息分析与信源和接受者在数据层面或逻辑层面进行关联),这点尤其值得我们学习。

4.陈向明.质的研究方法与社会科学研究[M].北京:教育科学出版社,2000.

这本书全面介绍了质化研究的各种方法,对目前国际社会科学界提出的有关理论问题以及新近发展出来的操作手段进行了深入的探讨,并结合研究实例对其进行生动的展示和说明。

5.库兹奈特.如何研究网络人群和社区:网络民族志方法实践指导[M].叶韦明,译.重庆:重庆大学出版社,2016.

这本书从文化路径进行网络研究,全面介绍、解释和说明了对网络人群和社区进行研究的一种特定方法——网络民族志。这种方法主要用来观察BBS、聊天室、新闻组、博客、社交网站、网络游戏社区等在线社区中人们的行为和言语。

其他研究方法

除了前面提及的研究方法之外，还有一些研究方法也被用于学位论文的研究和撰写中，包括社会网络分析法、案例分析法、数据/文本挖掘法等。虽然我们在本章中没有介绍这些方法，但也向你推荐一些参考书，帮助你了解更多的方法。

1. 刘军. 整体网分析：UCINET软件实用指南[M]. 2版. 上海：格致出版社，上海人民出版社，2014.

这本书梳理了国内外大量有关社会网络分析的研究成果，不仅全面介绍了社会网络分析的重要内容——整体网分析，而且就如何使用UCINET软件实施测量进行了详细说明。

2. 殷. 案例研究：设计与方法[M]. 周海涛，李永贤，李虔，译. 2版. 重庆：重庆大学出版社，2010.

这本书是有关案例研究的经典著作，被翻译成多种文字且出版过多个版本，受到国际社会科学界的极大认可。具体案例都来源于作者创办的COSMOS调查公司获取的一手资料，通过这些案例，作者介绍了案例研究的工作流程和处理案例研究相关问题的注意事项。

3. 萨尔加尼克. 计算社会学：数据时代的社会研究[M]. 赵红梅，赵婷，译. 北京：中信出版集团，2019.

这本书介绍了社会科学领域中一个新兴分支——计算社会学，在数据时代，人类的各种数据可以通过大规模采集处理，计算社会学的研究方法改变了传统社会科学家的研究思路和方式。书中详细描述了大量真实案例，并且制定了数据革命背景下计算社会学伦理问题需要遵循的四项原则。

第6章
"可炊之米"：收集研究数据

对于研究，尤其是社会科学研究而言，逻辑和观察是两大支柱，缺一不可，而且它们和研究的三大层面密切相关：理论基础、数据收集和数据分析。可以说，文献综述是在解决论文的理论问题，处理的是研究的逻辑层面。与此相对，数据收集和数据分析涉及论文的方法问题。其中，数据收集处理的是观察层面的问题，而数据分析则是在比较逻辑预期和实际观察结果并寻找可能的模式。通过第5章的阅读，你已经了解了常用的社会科学研究方法，接下来我们将以问卷法为例，向你介绍如何收集数据和分析数据。

在学位论文写作中，问卷法被大量运用，但你可能也听说过某些同学的问卷研究结果被答辩老师质疑。那么，该如何看待这个问题呢？正如在第5章中所讲的，我们认为任何研究方法都有自己的优点和缺点，问卷法也不例外。没有完美无瑕的方法，只有最合适自己选题的方法。如果你根据研究问题，确认问卷法是最合适的方法，那么答辩老师对你的研究结果的质疑在很大程度上恐怕不是来自方法本身，而是来自你的操作。规范操作体现在数据收集和数据分析两个阶段，前者又具体体现在抽样和测量两个方面。

在我们看来，规范地开展问卷调查研究，需要"三驾马车"并驾齐驱。这"三驾马车"分别是：科学抽样、精确测量以及恰当的数据分析。本章我们将告诉你如何驾驶前两驾马车，利用科学抽样和精确测量获取高质量的数据，下一章再介绍如何进行数据分析。

6.1 科学抽样

由于现实中的种种因素，通常无法对所有的研究对象（总体）进行直接的调查，必须从中选择一部分有代表性的个体（样本）作为研究对象，这个过程就是抽样。然而，这样一小部分的样本如何能反映总体呢？这就涉及科学抽样的问题了。

6.1.1 为什么要科学抽样

为什么要科学抽样？我们先从两个故事谈起。

第一个故事发生在最近一些年。在网上搜索"吃黑巧克力可以减肥"，你会看到网上对一项科学研究铺天盖地的宣传。由牛津大学分子生物学博士约翰·博涵农（John Bohannon）所做的一项实验表明，吃黑巧克力有助于减肥，然而这位作者后来在自己的博客上公开说明，他跟全世界开了一个大玩笑[1]。为了嘲讽学术界审核学术论文稿件的不严谨现象，他招募了16位实验者（论文中并未提及被试人数）。这些被试被随机分成三组：低糖饮食减肥组、低糖饮

---

[1] BOHANNON J. I fooled millions into thinking chocolate helps weight loss: here's how [EB/OL]. [2019-05-27]. https://io9.gizmodo.com/i-fooled-millions-into-thinking-chocolate-helps-weight-1707251800.

食加巧克力减肥组、正常饮食控制组。其中"巧克力组"每天吃大约 40g 的黑巧克力,研究者每天测量被试的 18 个身体指标,包括体重、胆固醇水平、血压等。在第 21 天,研究者在这 18 个指标中恰好发现,巧克力组的体重比正常饮食组减少将近 4kg,而且胆固醇水平也更低,而且数据分析结果也具有统计上的显著性!于是,作者按照标准格式写好论文,投给了 20 多家期刊,最后被一家录用发表。在论文发表后,作者又找到一些做科技新闻的记者朋友,请他们将这个吸引人的结果写成报道大肆宣传。那么这个实验的问题在哪里?其中的一个问题就在于样本量太小,一共 15 位被试(中途有一位被试退出),每个实验组仅 5 个人,个体差异带来的干扰可能会大于实验操纵效应,因此这个实验结果很有可能不是吃巧克力导致的,而是其他因素(如身体不适等)造成的。

既然样本量太小不科学,那么是不是样本量很大就一定科学呢?接下来跟大家讲述第二个故事。事情发生在 1936 年美国总统大选前夕[①],知名杂志《文学文摘》照例要做大选前的预测,从罗斯福和兰登两位候选人中预测最终选举结果。这个杂志以前成功预测过前两次美国大选结果,这次杂志社依照杂志订阅名单、各类组织和俱乐部的花名册,寄出了 1000 万份明信片做民意调查,最终收到了 240 万份回信。民调结果显示兰登将会获胜,可是最终选举结果为罗斯福连任总统,《文学文摘》的预测失败了。相对于前两次对美国总统大选的预测调查,这次调查的样本量明明更大,为什么反倒失败了?究其原因,主要在于《文学文摘》这次获得的样本虽然数量很大,但并不具有代表性。民意调查的抽样结果需要反映所有参与投票的美国公民的意愿(即总体是"所有参与投票的美国公

---

① SQUIRE P. Why the 1936 literary digest poll failed [J]. Public opinion quarterly, 1988, 52(1): 125-133.

民"），但当时能够订阅杂志或者参加俱乐部的人都属于当时的精英阶层，这群人倾向于支持兰登，因此样本无法反映总体中其他倾向于支持罗斯福的大量选民（如工薪阶层）的意愿，从而导致利用样本推广到总体时出现了偏差。

希望这两个故事能引起你对抽样的重视，只有具有代表性的样本才能保证研究结果真实准确。看了上面两个故事，你一定觉得抽样是件麻烦事，样本量太小不行，样本量很大也不一定行。那么，究竟怎样才能"科学"地抽样呢？

6.1.2 科学抽样的方式

科学抽样的基本方式是随机抽样。随机抽样不是"随便抽样"，"随机"的含义是要保证每个样本被抽中的概率是均等的。你或许经常看到有朋友在朋友圈里转发调查问卷，这种方法无法保证目标群体中的每个人都有同等的机会接触到问卷，因此不是随机抽样。那怎样才能做到随机抽样呢？其实你可能很早就接触过了，小时候班主任拿着花名册给每个人编号，通过抓阄的方式选出同学打扫卫生，这种方法就是简单随机抽样。我们现在往往根据简单随机数表或电脑自动生成的随机数开展简单随机抽样。与此类似的还有系统抽样，这种抽样是按照一定的抽样间隔在抽样框（也就是你要抽样的群体）中抽取，因此也叫等距抽样。例如总体为300人，若要抽出20个样本，你需要随机确定一个样本作为起点，然后按照编号，每间隔15人选出一个样本。利用系统抽样的方法可以实现与简单随机抽样相同的抽样目标，但成本更低，效率更高。不过需要注意调查对象是否具有周期性，抽样间隔若与调查对象的周期相符，"随机"很可能会失去意义。举个例子，你要研究某都市报对女性群体的报道特点，如果将7作为抽样间隔的话，那么所得到的样本都是每星期中固定一天（如周一）的报纸。由于报纸和电视等大众媒体在栏目设置上具有典型的以"周"为单位的周期性，所以你所获取的样本就可能具有明显的偏差，其代表性也就大打折扣。比如说，该都市报周一全部都是娱乐内容，那么你可能得到"该都市报只关注女明星，漠视普通女性"的研究结论。

虽然简单随机抽样和系统抽样是抽样的基本方式，但现实中有时不能完全依赖这种随机性。尤其是当你需要确保样本中包含有特定的子群体时，采用随机抽样方法可能就无法保证这一点（某些子群体的总体在全部总体中占比很小，通过在全部总体中进行随机抽样的方法抽取到这些子群体的个体的概率可能非常低，甚至接近于0）。此时需要借助其他抽样方法，例如分层抽样。分层抽样可以确保子群体的代表性。具体来说，分层抽样是指将总体按照某种标准划分不同的层（或称为"组"），按照规定的比例抽取一定数量的个体组成样本，从而保证样本能够囊括来自不同层中的个体。如果总体的30%是年龄在18~24岁的成人，那么也要保证样本中的30%是这个年龄段的人。假设我们受委托调查某大学的学生对某一社会热点事件的看法，委托方特别希望了解来自不同层次的学生的意见。我们就可以根据年级对总体加以分层。在随机抽取样本之前，我们先把总体分为三类：假设该大学有60000名学生，其中本科生30000人，硕士研究生20000人，博士研究生10000人。如果希望从总体中抽取600人作为样本，那么按分层抽样，我们应该随机抽取本科生300人，硕士研究生200人，博士研究生100人。说到这，让我们再回到最初的故事。相对于《文学文摘》所获取的200多万份样本，同时期一家不起眼的民调机构——盖洛普——只调查了5万份样本，但后者成功地预测了当年美国总统大选的结果。原因就在于后者采用了更加科学的分层抽样方法,虽然调查人数更少,但是涉及的族群和阶层分布更广,样本因此具有更好的代表性。

专栏6.1 最低样本量

你也许在嘀咕:"虽然当年盖洛普没有调查几百万份样本,但也调查了5万份样本;我只是想写一篇学位论文而已,怎么可能调查那么多的样本呢?"这是个很好的问题。那么,到底需要多少样本量?换句话说,至少需要从总体中抽取多少样本,才能让我们从样本推论到总体时既准确又精确呢?

所谓准确度(accuracy),是指从样本中得到的结果与真实的结果(也就是通常无法获知的总体的情况)相符的程度;而精确度(precision),简单来说是测量的间距(可以回忆一下小学课堂上讲到的"精确到2位小数",这也就是说将某个数值的变化范围缩小到了0.01),在一定程度上可以认为是提供信息量的大小。假设你想告诉一个女生她的体重其实很轻,在全世界成年女性的平均值之下,你可以这样说:"全球成年女性体重均值在10kg到1000kg之间。"显然全球成年女性的体重均值一定在这个范围之内,你的估计十分准确,然而并不精确。就算这个女生知道了这样一个估计值,她也得不到任何有用的信息。当然,你也可以这么说:"全球成年女性体重均值在59.950kg到60.050kg之间。"这个估计十分精确,但是有极大的可能与真正的全球成年女性体重均值不符,比如真实值是62.000kg,那么你的估计范围就没有包含真实的体重均值(也就是总体均值),此时你的估计很精确,但并不准确。

再回到抽样的问题上。如果有能力对总体进行调查，准确度和精确度的问题都无需考虑。但是对全球所有成年女性进行调查几乎是不可能的，更多的时候只能借助样本来推断总体的信息。由于抽样的方法具有随机性，因此无法保证每次抽样的结果都是相同的，如果我们在全球成年女性中反复抽样，获得每次抽样的样本均值，再计算这些样本均值的均值，当抽样次数足够多时，这个"最后的均值"会趋近于总体的均值。然而一般我们只会做一次抽样，利用一个样本均值推断总体均值。此时，我们可以通过样本均值推算出一个范围（这个范围就是置信区间），这个范围要保证有一定的准确度，也就是有一定把握认为总体均值会落在这个区间中（这个"有多大把握"就是置信水平，一般取95%）；这个范围也不能太宽，需要具有一定的精确度，也就是只允许推算出的区间具有一个较小的变化范围（这个"变化范围"就是边际误差，你可将其粗略地理解为置信区间长度的一半）。此时就如前面的例子一样，要兼得准确和精确很难，必须在其中做一个权衡。

按照以上思路，可得到计算最小样本量的公式。当我们进行参数估计的时候，如果设定好特定的允许的抽样误差和特定的置信水平，就可借以计算出所需要的最低样本量。为了简化处理，我们以二分定类变量为例。在社会科学研究中，最常用的允许的抽样误差为5%，置信水平为95%，按照这两个值进行计算，利用随机抽样（注意不是"随便抽样"）所需的最低样本量一般为384。

6.1.3 关于抽样的建议

毫无疑问，采用随机抽样的方法产生样本需要相当的财力和物力，以前面提到的中国综合社会调查（CGSS）为例，CGSS是我国最早的全国性、综合性、连续性的学术调查项目，全面收集了有关社会、社区、家庭和个人多个层次的数据，目前已成为研究中国社会最主要的数据来源之一。从2003年以来，CGSS使用了三套不同的抽样方案（2003—2006方案、2008方案和2010方案），原则上都采用四阶段分层随机抽样方法。第一阶段以区（地级市、省会城市和直辖市的各大城区和郊区）、县（包括县级市）为初级抽样单位，第二阶段以街道、乡镇为二级抽样单位，第三阶段以居民委员会、村民委员会为三级抽样单位，第四阶段以家庭住户为抽样单位并在每户中确定1人为最终单位。在2010方案中，全国共抽取100个县级单位及5大都市，480个村/居委会，12000名个人。这种规模的调查，如果没有大量的调查员和经费支持，肯定难以开展下去。

但是，撰写学位论文一般只能单枪匹马赤膊上阵，一没有经费，二没有团队，基本无法开展大规模的随机抽样。请不要丧气！事实上，在发表的论文中，不少研究也采用非随机抽样方法（典型的如利用大学课堂或MBA课程收集数据）。虽然这种做法不能成为我们也采取非随机抽样的理由，但至少让我们意识到，评审专家或答辩老师不会简单地拿"非随机抽样"的理由否认一篇论文的价值（当然从代表性的角度来看，在任何情况下，都要优先考虑随机抽样方法）。你现在需要重点关注的是，如果受限于物力财力人力等资源无法做到随机抽样，那么如何尽可能地进行"科学"抽样呢？下面跟你分享几个建议。

第一，尽量确保样本与总体具有同质性。我们认为，考察样本与总体在特征方面的接近性，会比简单地看样本数量更有意义。比如，你的研究对象是中国普通民众，那么可以与最新的CGSS数据结果进行比较。如果你的研究涉及中国网民的互联网使用情况，那么争取使你的研究样本分布与《中国互联网络发展状况统计报告》的网民分布结构相一致。2019年2月发布的第43次报告显示，截至2018年12月，我国网民男女比例为52.7:47.3，10～39岁群体占全部网民的67.8%，其中20～29岁年龄段的网民占比最高，达26.8%；初中、高中/中专/技校学历的网民占比分别为38.7%和24.5%；受过大学专科、大学本科及以上教育的网民占比分别为8.7%和9.9%；在我国网民中，学生群体最多，占比达25.4%。[①]如果你抽取的样本人口分布与这些报告的结果比例相似，也可以较好地说明研究样本具有代表性。

第二，在无法做到严格随机的前提下，尽可能选择能够使样本具有更好代表性的抽样方法。比如，即使是使用非随机抽样方法，也需综合各种因素选择能使样本"更具代表性"的方法。配额抽样值得推荐，与前面介绍的分层抽样类似，这种抽样方法也是将总体按照某种标准划分为不同的子群，并对各个子群在样本中的比例进行配置。如按照调查的需求，希望样本中40%为男性，60%为女性。不同于分层抽样需要根据随机抽样方法（简单随机抽样、系统抽样等）产生每个层所需的样本，配额抽样也可借助其他非随机方法（如便利抽样[②]、滚雪球抽样[③]等）产生每个子群所需要的样

[①] 中国互联网络信息中心. 第43次中国互联网络发展状况统计报告 [R/OL].（2019-02-28）[2019-05-28]. http://www.cac.gov.cn/wxb_pdf/0228043.pdf.

[②] "便利抽样"也称偶遇抽样，抽取偶然遇到的人或选择那些离得最近、最容易找到的人作为调查对象。在社会调查或商业调查中，在街头路口请过往行人或在商场内部、影院门口对消费者进行调查等都属于便利抽样。

[③] "滚雪球抽样"一般是指采用线索触发的方式进行抽样，通过同伴推荐和再推荐逐一获取样本，就像滚雪球一样，越滚越大。

本。尽管配额抽样是非随机抽样方法，但是由于选择了某一个重要的变量进行分组（这个案例中是"性别"），就能确保不同类型的样本容量符合配额，进而克服便利抽样等非随机方法所固有的非代表性风险。另外，在无法获取抽样框的前提下，整群抽样通常被认为是随机抽样方法的一种。只要该群被选中，则该群中的所有成员都要进入随后的子样本。换言之，该抽样方法通常包括两个或多个步骤。首先，在没有总体数据的情况下找到其中的某些群；然后，从这些群里再进行随机抽样。比如，你可以先在中国大学名录中选择院校，然后从被选中的院校的学生名单中抽取学生样本。

此外，在确定最低样本量时，也需要考虑研究所要采用的数据分析方法。不同的数据分析方法具有不同的前提假设，有些数据分析方法对样本数量也会有一定的要求。以回归分析方法为例，不少学者提出，若要开展有效的统计分析，样本量应该达到基本的要求。例如史蒂文斯（Stevens）认为最小样本量应该是自变量数量的15倍，科纳普（Knapp）和坎贝尔（Campbell）认为最低样本量是"8×自变量个数+30"[1]。假设自变量为15个，按照史蒂文斯的算法，最低样本量应为225（15×15）个；而按照科纳普和坎贝尔的算法，最低样本量应为150（8×15+30）个。当然，还有其他学者提出了不同的算法，尽管对此问题从来没有统一的认识（将来似乎也不太可能达成共识），但这些计算方法都对我们有参考意义。

---

[1] BROOKS G P, BARCIKOWSKI R S. The PEAR method for sample sizes in multiple linear regression[J]. Multiple linear regression viewpoints, 2012, 38(2): 1-16.

6.2 精确测量

拥有了一定数量的合适样本后,接下来就应该使用工具测量每个样本的情况了。然而测量工具有好有坏(测量长度也有游标卡尺和普通直尺的区别),"工欲善其事,必先利其器",打造一个好的测量工具是必需的。专业地讲,这就是研究工具的效度问题。对于问卷法而言,精确测量意味着设计一份能够尽可能地获取填答者真实情况或真实想法的问卷。那么应当如何科学地设计问卷呢?通常需要涉及以下几个方面:概念化、操作化、选择测量尺度、设计问题并开展预测试。

专栏 6.2 效度的概念与类型

效度是指测量在多大程度上反映了我们所期望的概念,表示测量工具(如问卷)能够测量到的希望测量的概念的程度。换句话说:"我们所测量的概念是我们想要的吗?""有效的"测量就是测量到了理应测量的内容。

讲到效度这一概念的时候,需要跟信度做个区分。信度是指测量结果的一致性与稳定性,或者说,表示使用的工具(如问卷)对事物的多次测量所能保持的一致性。信度可以分为重测信度、复本信度、分半信度、内在一致性信度等,克朗巴哈系数(α 系数)是衡量内在一致性信度最常用的指标。我们可以根据 α 系数来判定测量指标的信度:"可以接受"($\alpha \geq 0.7$)、"良好"($\alpha \geq 0.8$)、"非常好"($\alpha \geq 0.9$)。

但是,具有好的信度不一定意味着具有好的效度。举个例子,相对于目测法,利用体重秤测量一个人(假设这个人叫小明)的体重的方法显然具有更好的信度,因为每次测量的结果相对一致。但如果体重秤发生了某些故障,比如起始指针从标准的0kg处挪到了10kg处,在这种情况下,尽管每次小明站上体重秤,测量结果都会稳定在90kg(具有不错的信度),但是小明的真实体重应该是80kg。换言之,测量得到的"90kg"的结果并不是想要测量的"小明的真实体重"。由此可见,尽管这个测量具有相当不错的信度,但是没有很好的效度。

接下来我们介绍效度的具体类型。依据不同的划分标准,效度通常可以分为表面效度、内容效度、建构效度和效标效度。

举一个浅显的例子来说明这四个概念。假设你想要测量人们的英语能力,于是创建了一份"英语能力量表"(俗称"出了一份英语试卷")让被试填写。如果这份量表中都是类似"1+1=?"的题目,从头至尾都没有出现一个英文单词,那么一看这份量表就知道它并不是在测量英语能力,也就是没有表面效度——表面效度衡量的是测量结果在"表面上"与我们想要测量的概念的吻合程度。内容效度考察的是测量所能反映概念的完整程度。经过修改,现在这份"英语能力量表"中没有了"1+1=?"的题目,但是从头到尾都只有阅读理解题目。一般情况下,要得知一个人的英语能力,可能还需要对听力、口语以及写作能力进行考查。因此,只测量阅读能力,对于"英语能力"这一概念的测量显然是不够完整的,也就不具备良好的内容效度。

建构效度是指对某个概念的测量结果与其他概念的测量结果之间的关系,或者说与既有理论预期的一致性程度。假设已有研究表明词汇量与英语能力呈正相关关系,若用你构建的"英语能力量表"测量得到的结果与被试的词汇量同样呈现正相关的关系,符合理论预期,那么就可以认为这个"英语能力量表"具有建构效度。效标效度是指对某个概念的测量结果与该

> 测量外的既定标准或重要行为的相关程度。例如，目前针对英语能力已有很多成熟的衡量标准，大学英语四级、六级考试，托福，雅思，等等，你可以利用这些考试的分数来验证你所开发的"英语能力量表"的效标效度。由于建构效度和效标效度的概念较为复杂，前者又分为聚合效度和区分效度，后者又可细化为同步效度和预测效度，这里不再展开阐述。如有兴趣，可参阅其他著作。

6.2.1 通过概念化形成定义

通常来说，我们所要研究的概念，大多数都不像石头那样存在于现实世界。事实上，它们都是虚构的。而且，它们几乎没有单一的、清楚的意义。"概念化"（conceptualization）就是给出某一概念具体含义的过程。将概念变成可以测量的指标或量表，即通常所说的"操作化"（operationalization）。

通俗地说，"概念化"就是给你的研究概念下定义。与自然科学不同，社会科学领域中很多概念并没有一个绝对客观的定义。很多概念（如公正、快乐、焦虑）都非常抽象，且主观性较强，不存在一个唯一确定的定义。在这种情况下，我们通常会使用"工作定义"（working definition）来界定概念的含义。工作定义是指专门符合研究目的和研究情景的定义，虽然这种定义包含主观的成分，但是应该能被大多数人普遍接受。为此，你必须回到文献检索的步骤，梳理过往学者对某个概念的界定方式，并在此基础上定义你研究中的相关概念。

你还记得我们在第 4 章分享的关于社会化阅读动机的研究吗？在那里，我们利用这个例子讲述了如何通过文献检索明确研究议题并将其转换为研究问题（research question）或研究假设

（hypothesis）。在完成了社会化阅读动机的研究之后，我们又好奇社会化阅读的互动性（interactivity）对读者体验会有何影响。在这项新的研究中[①]，互动性是核心概念之一。那么，什么是"互动性"呢？可能不同的人对这个术语有不同的见解。此时，就需要给出互动性在我们这项研究中的工作定义。通常来说，定义的视角就决定了后续的测量方式。

通过检索文献及阅读，我们发现，前人界定互动性主要有三个视角。第一个视角是"技术视角/特征视角"，如 Sundar 将互动性定义为："信息系统中所包含的特定特征或功能，这些功能或特征能够为用户提供潜在互动。"[②] 信息系统（如网站或 APP）提供的可供沟通和交互的功能（如内容评论、界面调整）越多，就可以认为这个系统的互动性越高。在这种定义下，对互动性的测量方式主要是记录该系统拥有互动性功能或特征的数量。第二种视角是"过程视角"，如 Liu 和 Shrum 将其定义为："多个传播者彼此之间以及他们与传播媒介及信息直接相互作用的程度。"[③] 这个定义关注的是传播者之间具体的互动行为的程度，因此可以采用记录用户使用具体互动功能操作次数的方式进行测量。第三种视角是"感知视角"，如 Wu 将互动性定义为："使用者在与网站互动的过程中体验到的一种心理状态。"[④] 作为一个概念，感知互动性包括感知控制、感知响应

[①] LI W, et al. The impact of interactivity on user satisfaction in digital social reading: social presence as a mediator[J]. International journal of human-computer interaction, 2021, 37(17): 1636-1647.

[②] SUNDAR S S. Social psychology of interactivity in human–website interaction[M]// JOINSON A N, MCKENNA K, POSTMES T, et al. The Oxford handbook of internet psychology. Oxford, UK: Oxford University Press. 2007: 89-102.

[③] LIU Y, SHRUM L J. What is interactivity and is it always such a good thing? Implications of definition, person, and situation for the influence of interactivity on advertising effectiveness[J]. Journal of advertising, 2002, 31(4): 53-64.

[④] WU G. Conceptualizing and measuring the perceived interactivity of websites[J]. Journal of current issues & research in advertising, 2006, 28(1): 87-104.

和感知个性化，强调的是使用者自身感知到的心理状态。因此，如果基于这个定义视角，直接计算功能数量或互动行为便不符合定义，此时可利用感知互动性量表，通过用户自我汇报的方式进行测量。

梳理完这三种定义后，我们最终选择采用"感知视角"来界定社会化阅读的互动性概念。主要理由如下。首先，其他两种视角存在一些不足。技术视角/特征视角强调网络互动功能的数量，但是用户不一定会使用每种功能。过程视角关注用户实际使用互动功能的次数，但针对这种行为的测量需要依靠电脑追踪或者平台后台数据，获取数据的难度较大，同时我们认为不同用户即使表现出同一行为，其内在体验也可能不太一样。其次，由于我们这项研究关注的因变量（满意度）和机制变量（社会临场感）也都是基于用户感知视角，因此采用感知视角下的互动性概念能够帮助我们更好地从用户心理的视角研究社会化阅读互动性对满意度的影响及其发生机理。

6.2.2 通过操作化形成量表

概念化是将对抽象概念的理解清晰表达的过程，概念化之后你拥有了一堆文字，然而那些定量论文中的统计数字又是如何出现的呢？你可能会想到，定义和数字之间还需要构建一个关联。例如，一个女孩想知道她的男朋友到底有多爱她，如果你是这个女孩，你认为可以怎么做呢？从社会科学研究的角度，首先要定义什么是"爱"，也就是将"爱"概念化。关于"爱"的定义有很多，这需要根据你的研究目的来界定。假设在这里，你将"爱"定义为一系列亲密行为的强度。当完成概念化过程，形成"爱"的工作定义后，接下来就要通过具体的指标或量表来测量"爱"的程度。既然在这里"爱"是指一系列亲密行为的强度，那么就可以通过测量把它转换为具体的数字,例如,"男友与你一起看电影的频率如何?(1分——从不,2分——偶尔,3分——有时,4——经常,5——总是)"。但是,由于"爱"比较抽象,只有这一道题显然还不能很好地说明男友对女孩的爱,所以有时需要同时设置好几道相关但又不完全一样的题,如"男友送早饭的频率""男友与你煲电话粥的时间长度",等等。这个女孩回答完这些问题后,可以加总这些分数,分数越高就说明男友爱她的程度越深。

看到这里你应该已经明白,所谓的操作化就是将抽象的概念转换为具体可以测量的指标或量表的过程。那接下来的问题是,量表是从哪里来的?在这里,给大家介绍一个我们总结的"3D原则",按在使用时的优先考虑级别排序。

(1)直接采纳(Adoption)。许多变量的概念在学界已经有非常成熟的测量方式,例如自尊、满意度和信任等。在这种情况下,直接使用这些成熟的量表是较为明智的做法,因为这些成熟的量表已被广泛使用,信度、效度都有较好的保证。比如对于"自尊"的测量,目前学界常用的测量量表之一就是罗森伯格(Rosenberg)开发的自尊量表。该量表由10道题组成,包括"总的来说,我对自己是满意的""有时候我觉得我是相当不错的""我觉得我有很多好的品质"。当然,由于目前大多数成熟的量表使用的语言都是英文,在翻译的过程中,需要修改一些表述以符合中国的文化语境。

(2)改编(Adaption)。这种方法是目前社会科学研究中最常见的做法。在相关成熟量表的基础上,结合研究主题和研究情景对其进行适当的改编。根据研究需要对已有量表中的部分问题做一些细微调整,但是问卷整体的内容与原版问卷必须保持一致。例如,媒体使用量表所涉及的原始研究对象是Facebook,当研究对象是国内的微信时,就要将原始量表中的对象修改成"微信",同时部分表述也要结合微信的特点略作调整。

（3）开发（Development）。如果所要测量的变量确实没有可以使用的成熟量表，则需要自己开发出一套新的量表。自己创建量表是一个十分复杂的过程，对于大部分社会科学研究的新手来说，这个方法风险很大，构建的过程费时费力，最后量表的信度、效度还不一定有很好的保证。因此，我们不太推荐这种方法，尤其是对本科或硕士学位论文来说。

6.2.3 选择合适的测量尺度

如果需要测量的变量比较具象，比如性别、年龄、受教育程度和收入等，那么可能只需要一个题目就可以测量这个变量。但是，如果你测量的变量比较抽象，那么一个题目可能不足以全面反映这个变量的含义。在这种情况下，往往需要借助一些指标或量表进行测量。但是，不管是哪种情况，都需要选择合适的测量尺度。从测量尺度的角度来看，变量往往分为以下四种类型：定类（Nominal）变量、定序（Ordinal）变量、定距（Interval）变量和定比（Ratio）变量。这四类变量的测量精确程度依次上升。

专栏6.3 四类常见的变量

> 从测量尺度的角度来看，我们往往把变量分为定类变量、定序变量、定距变量和定比变量。
>
> （1）定类变量。这类变量的取值只能是互斥且可辨别的类别，没有强弱高低之分。例如性别（变量值通常只有"男性"和"女性"两类）、宗教（变量值可为"基督教""佛教""伊斯兰教""其他"）。尽管我们通常用1代表"男性"，2代表"女性"，但这并不表示女性比男性更强，我们完全也可以用1代表"女性"，2代表"男性"。此时的数字只是用来划分类别

的代码，没有大小、高低、先后的分别。

（2）定序变量。这类变量的取值可以按照特定的顺序进行排列，表示大小、高低、先后等不同的次序。例如，我们询问被试的最高学历，选项有：1=小学，2=初中，3=高中或中专，4=本科或大专，5=硕士，6=博士，7=其他，这七个选项依据用户所获得的最高学历从低到高进行排列。又如，询问被试对某项服务的满意度，选项有：1=很不满意，2=不太满意，3=一般，4=比较满意，5=非常满意。被试如果回答4（比较满意），就表明该顾客对这项服务的满意度要高于回答前三个选项的顾客。需要注意的是，从定序变量获取的数字仅仅显示等级顺序，并无其他意义。

（3）定距变量。这类变量的取值可以是具体的数字，且每个数字值之间的距离（interval）是相等的。例如，在测量温度的时候，可取值为30℃、31℃、32℃等。这些温度之间的"差距"都是1℃，两两之间是等距离的，这些数值可以进行加减运算。相较而言，定序变量中"很不满意"到"一般（满意）"的距离与"一般满意"到"非常满意"距离并不相等，它只能说明谁"强"谁"弱"，至于差距到底有多大，其实并不清楚。另外，虽然定距变量的取值可以进行加减运算，但相乘或相除却没有任何意义。比如温度，30℃与20℃之间的差距等于20℃与10℃之间的差距，但是30℃并不比10℃热3倍。

（4）定比变量。这类变量拥有上述三种变量的所有属性，是精确度最高的一种测量，取值可以进行加减乘除四种运算，运算的结果都具有实在意义。例如年龄、身高和体重等变量都是定比变量。它与定距变量的区别在于，定比变量拥有真正意义上的"零点"。如把身高作为变量，可以取值0~2m，这里的0的含义是"没有身高",是真正意义上的"零"。但是作为定距变量的温度,当温度为0°C的时候,并非表示"没有温度",不是真正意义上的"零"。

在实际的社会科学研究中,有的变量可以用不同的测量尺度来表示。例如对于年龄,研究者可将其区分为"未成年人""青年人""中年人"和"老年人"(此时该变量为"定序变量"),也可询问对方的具体年龄(此时该变量为"定比变量")。在这种情况下,选择何种尺度取决于研究所要求的精确度。不难发现,精确度更高的尺度通常能获得更为精确的信息,而且可以利用更为高级的数学运算来处理,而精确度较低的尺度所获取的信息则相对模糊,往往只能开展一些简单的运算。但是,我们应该更为全面地看待测量的精确度问题。显而易见的是,选择精确度更高的尺度往往意味着更大的调查和分析工作量。而且,一味地追求精确度也会造成准确度问题。比如,在询问职工的工作时间的时候,询问对方"在现岗位上已经工作了几个月"肯定比"在现岗位上已经工作了几年"更为精确,但由于记忆或计算的问题,用户在回答第一个问题的时候往往更容易出错。当然,当你无法确定变量测量的精度时,最好首先选择精确度较高的测量尺度,这样在后续的处理中会有更多的余地,比如对相关选项进行合并处理,如果选择精度较低的测量尺度则无法进行反向处理。

另外,需要指出的是,严格来说,利用李克特量表和语义差异量表测量的变量属于定序变量,但在社会科学研究中,这些经常被视为定距变量,进而被用于进行更高层次的数据分析。李克特量表与语义差异量表是最常见的量表。在上述测量"满意度"的例子中,采用的就是李克特量表计分法,要求受访者自己汇报对题项陈述的认同程度。常见的有五级量表,此外还有四级、六级和七级量表等。语义差异量表也经常被用于测量某个或某些题目对特定个体的意义。使用该方法的时候，我们往往利用多对语义相反的形容词或副词组成多个题目，用来测量相关概念。举个例子，如果要测量人们对生活的态度，可提供多组反义形容词（形容词性短语）：乏味的/有趣的、无价值的/有价值的、充实的/空虚的……把这些反义形容词（形容词性短语）分别放置于两端，中间为受访者提供多个尺度的选项（常用的有七级和十级），受访者可选择符合自身情况的选项或者直接在空格中标记该选项。

6.2.4 设计问卷并开展预测试

除了上面提到的概念化、操作化和选择测量尺度之外，在设计问卷时还需要注意其他一些问题，包括：问题的措辞、选项的设计、问题的排序和问卷的预测试工作。

在设计具体的问题时，在措辞方面需要注意以下几点：（1）表述应当聚焦。比如，"你对这款APP软件感觉如何？"这一表述聚焦程度不高，更为理想的测量可将题目修改为"请对这款APP软件界面系统的下列特点进行评价"，并附特点清单。（2）表述应当简短清晰。比如，以下表述就过于冗长，不够清晰："目前网络上出现很多网络暴力现象，例如使用伤害性的语言或图片。这些现象引起了很多人的关注，请问您对它们的态度如何？"可修改为"您对网络暴力（使用伤害性的语言或图片）的态度如何？"（3）不能诱导提问。比如，"您不抽烟，是吧？"这一表述存在明显的诱导倾向（诱导填答者选择"不抽烟"），理想的表述应为"请问您是否抽烟？"（4）不能双重提问。比如，"您的父母退休了吗？"这样的提问实际上包含两个问题，可以分解为"您的父亲退休了吗？"和"您的母亲退休了吗？"

除了问题设计外,在选项设计上要遵循互斥和完备的原则。互斥原则指的是选项之间没有重叠或者包含的关系,例如你询问受访者的专业是什么,如果选项中同时出现了"传播学专业"和"人文社科类专业",那么这会导致受访者无法填答,因为人文社科类专业包含传播学专业。完备原则要求选项穷尽所有可能的答案,如果无法穷尽,可以加入"其他"这个选项。例如,询问用户平时最常使用的社交软件,除了列出"微信""微博"等软件外,为了保证用户一定有选项可填,最好增加一个"其他"选项。

当你完成了所有的问题设计后,接下来面临的问题是如何形成完整的问卷。你可能会认为直接把所有问题堆在一起就可以了,然而就如同问题的表述一样,把众多问题整合成一份完整的问卷也是大有讲究的,其中,问题的排序就非常关键。通常来说,要将简单的问题放在前面,困难的问题放在后面(如将测量行为的相关问题放在前面,测量态度或意愿的题目放在后面);将测量重要变量的问题放在前面,测量相对次要的变量的问题放在后面(如把测量因变量的问题放在前面,把测量自变量的问题放在后面)。如果有用于排除不符合条件的样本的过滤题目,最好放在问卷开头。比如你的研究对象是已经使用过社交软件的用户,那么需要在问卷开头询问受访者是否使用过,防止未使用者填答。建议将受访者的人口统计学变量(例如性别、年龄、收入、受教育程度等)放在问卷的结尾,尤其是涉及一些较为隐私的问题(如询问性向)或者容易引起填答者"不舒服"(如离异者可能对询问婚姻状态比较敏感)的题目的时候。

当你设计好一份问卷后,在正式发放之前,务必开展预测试!这是被很多同学忽略的环节,但是十分重要。一方面,你需要把问卷发给该领域的专家,查看问卷是否存在结构上的漏洞、题项设置是否合理，等等。你也要把问卷发给目标用户查看，他们也许会对问卷的内容提出各种疑问，例如语句不通顺、表述含糊不清等。不管是专家还是目标用户所反映的问题，你都要记录下来，用于后续的问卷完善工作。另一方面，你需要在小范围内发布问卷，所需的样本量通常为50~80人。尽管样本量并不算多，但是可以根据调查结果计算测量变量的信度和效度是否达标，如果发现有明显不符合要求的题目，则需要重新设置题项，确保问卷的科学性。也可以利用这些结果检查选项答案设置是否合理。例如你想询问受访者每周使用微信的时长，时间从少到多有五个答案，但是小范围调查结果显示大部分的人答案都集中在某一个选项，说明此时答案的区间范围设置不合理，需要重新设置。

　　本章我们介绍了科学抽样和精确测量，现在你应当已经知道如何使用科学的方法获取数据了。然而，空有一堆高质量的数据，仍然无法形成一篇完整的学位论文。那么，应当如何利用这些数据回答你的研究问题或验证你的研究假设呢？在下一章中，我们将介绍如何驾驶"三驾马车"中的最后一驾——数据分析。

第7章
"用数据说话":开展数据分析

在你通过科学抽样和精确测量收集到研究所需的数据后,接下来就要进入"三驾马车"中的最后一驾——数据分析。不少同学对数据分析有畏惧心理,认为开展数据分析需要掌握大量复杂的统计知识与公式;也有很多同学认为数据分析就等于软件操作,因此只需学会软件的操作步骤即可——这两种极端的想法事实上都是有失偏颇的。

一方面,目前已有很多成熟的统计工具,如SPSS、Stata和R语言等。这些软件各有所长,例如SPSS软件操作步骤清晰,容易上手,能够完成大部分社会科学研究分析,而R语言虽然需要自己编写语句,入门难度稍大,但是更加灵活,可以处理更多的样本……因此畏惧数据分析是完全没有必要的。另一方面,我们也不得不提醒你,虽然在学位论文的写作中"边干边学"确实是一种学习数据分析的好方法,并且掌握相关统计软件的操作的确可以让你在数据分析上"速成",但是不要忘记数据分析的最终目的是回答你的研究问题或者检验你的研究假设。因此，要点在于选择合适的数据分析方法，以及对数据分析结果进行正确解读。那么针对不同的研究问题该如何选择恰当的数据分析方法呢？又应该如何解释统计软件所展现的数据分析结果呢？这仍然需要对基本的统计思想有所了解。

因此，本章首先与你分享几种常用的数据分析方法，让你对常用方法和基本统计思想有所了解，然后给出一些选择数据分析方法和实施数据分析工作的建议，希望对你有所帮助。

7.1 常用的数据分析方法

7.1.1 描述统计

最基本的数据分析方法是描述统计，即对数据的分布情况进行描述或总结。相信在日常生活中你也见到不少利用描述统计进行的数据分析。进行描述统计的目的之一是对原始数据进行归纳性的展现，让你更容易看清楚它们的"概貌"，而不用对着冗杂的数据两眼发晕。换言之，描述统计希望"摒弃"每个个体的特殊性，展现你所关心的变量的整体分布态势。比如你想知道喜欢本章内容的是男性多还是女性多，那么性别就是你所关心的变量，通过对性别这一变量的描述统计你就可以把握基本情况，而不需要知道"小王喜欢本章，他是男性；小李喜欢本章，他也是男性……"这样的细节。

最基本的描述统计就是用数值表示数据的集中趋势和离散趋势。顾名思义，集中趋势展现出原始数据的"典型"状态，而离散趋势则表现原始数据偏离"典型"的程度。

常用的度量集中趋势的统计量有均值、中位数及众数。均值一般指算数平均值，即将所有样本值加总再除以样本量。由于在平均值的计算中每个数据都被纳入其中，均值能够很好地"归纳"数据的信息，但是也有一些问题，比如对极端值非常敏感。假如班上一共有8位同学，在某次考试中6位同学都是60分，有一位"学神"是100分，你65分，全班第二名。可以想象，你兴高采烈地回到家向父母报告成绩，却被大骂了一顿——因为老师告诉你父母全班平均分是65.625，而你的分数比平均分还低。可以想见，此时均值并不是体现数据集中趋势最好的统计量，因为你的分数在所有人中的"相对位置"实际上很高，这个时候使用体现数据相对位置的中位数就更为合适。中位数将所有数据按照顺序从中间的位置分为两半，而你的分数在高分的那一半。当数据呈现较强的偏态（如社会科学研究中常用的"收入"一般都呈现一定偏态）或极端值较多的时候，利用均值展现集中趋势就不是最理想的做法。在这种情况下，使用对极端值不那么敏感的中位数更好。另外，众数也是常用的度量集中趋势的统计量，它是指数据观测值中出现最多的那些数据（有时不止一个）。一般而言，众数并不是度量集中趋势最好的统计量，但是当数据是定类变量时，均值和中位数的计算都没有具体的意义，众数则更为适用。

只知道数据的集中趋势并不能很好地让我们对数据的整体分布有一个基本的了解，很多时候还需要知道数据的变异程度如何。比如在上例中，全班期末考试的成绩是集中在65分左右呢，还是由一两个高分和一些低分构成？这就是对离散趋势的度量。常用的度量离散趋势的统计量有全距（极差）、方差和标准差。全距就是最大的观测值与最小的观测值之间的差距，这个统计量的计算十分简单，但是由于只用了最大值和最小值这两个数据，缺失了其他观测值的信息，因此并不能很好地度量数据的变异性，在社会科学的研究中也不常用。方差和标准差是更为常用的表现数据离散趋势的统计量，方差的计算就是把每个观测值与均值的差异值平方的总和，除以观测数量，而标准差就是方差的平方根。值得注意的是，计算样本方差的时候，分母是样本量减一，这是为了使样本方差是总体方差的无偏估计而进行的调整。这个调整在数学上有严格的证明，你可以简单地这样理解：一般来说，样本的变异总是比总体的变异要小一点，因此需要除以一个较小的数，让从样本得到的估计值大一点。而之所以需要将方差开平方得到标准差，主要是为了统一单位，使标准差的单位与均值的单位一致，从而可以更方便地用来做数据比较。

除了利用数值来进行描述统计，图表也是常用的描述统计的形式。图表的最大特点就是直接、形象、便于理解。我们将在第9章中详细介绍图表制作规范。

7.1.2 推论统计

虽然描述统计十分重要，但在社会科学研究中，只有描述统计是不够的。很多时候，研究者会使用推论统计。所谓"推论"，就是从样本推广到总体，也就是利用一小部分数据推论整体的情况。

看到这里，你是否会想，这有何难？日常生活中我们也常常利用自己所看到的一小部分信息进行猜测，若要推测两个总体之间的均值是否有差异，直接计算两个样本均值，比较一下不就可以了吗？这就涉及一个问题，科学的抽样确实能够"代表"总体，但是"代表"毕竟只是"代表"，样本仍然不是总体，利用样本计算出的统计量可能与总体参数存在一定的差异（即抽样误差）。另外，由于我们无法得知总体参数，那我们如何知道这两个样本均值之间的差异是由抽样导致的，还是真实存在的呢？

若不想陷入"无理力争"的尴尬局面，就需要对推论统计的基本思想有所了解。推论统计包括参数估计和假设检验，其中假设检验与反证法的思想有相似之处。在社会科学研究中，通常提出的假设都是变量之间存在关系或者不同组别之间存在差异。为了检验研究假设（通常表示为 H_1，也称为"备择假设"）是否成立，我们首先需要提出一个零假设。零假设一般假设总体中两个变量之间的关系不存在，或者差异不存在，因此也被称为"虚无假设"（通常表示为 H_0）。

假设检验的目的，实际上就是在评价样本所给出的证据是否足以让我们认为零假设不成立，从而"拒绝零假设，接受备择假设"。除非完完全全获取了总体，否则100%认为零假设不成立是不可能的（一般我们只能抽样一次，得到的抽样结果有可能是因为纯偶然因素得到的，而并非变量之间存在关系或不同组别存在差异），不过可以有一个较大的把握"拒绝"它。换句话说，如果零假设成立，出现现在的抽样结果是由于完全偶然的可能性是否很低，如果这种可能性确实很低的话，那么我们就有比较大的把握拒绝零假设，接受备择假设。

那么这个可能性需要多低才可以呢？这时候就需要设定一个标准，也就是"显著性水平"。这个水平也是我们所能接受的犯"第一类错误"的风险水平（如果零假设是正确的，但是我们拒绝了它，这就是犯了"第一类错误"；若零假设是错误的，却没有被我们拒绝，这时就犯了"第二类错误"），通常用 α 表示犯"第一类错误"的概率。

在选择了一个特定的显著性水平之后，就需要计算如果零假设成立，抽样得到你现有的样本统计量（或更加极端）的样本的概率是多大，如果这个概率比显著性水平小的话，那么就有足够的把握拒绝零假设。这个概率被称为"p值",一般统计软件在显示结果的时候都会包括p值,若$p<\alpha$,那么就可以拒绝零假设。

7.1.3 差异分析

推论统计可以用来分析差异,常用的差异分析方法有t检验与方差分析,它们都可以检验均值的差异,区别在于需要检验的总体个数。

◎单样本t检验

当我们的目标是利用样本推断单个总体与某个具体的数值之间是否存在差异,这时候就可以使用单样本t检验。例如想要检验大学生的每日平均睡眠时间是否是8小时,由于无法得到所有大学生的每日睡眠时间数据进行计算,于是只能进行抽样,对大学生总体情况进行推断。假设我们随机抽取400位大学生,对其自我报告的睡眠时间进行计算,得到的均值为7.48小时。那么,我们是否就可以据此说大学生每日平均睡眠时间不是8小时?这是不可以的。因为这个差距的产生可能有两种原因:(1)大学生的每日平均睡眠时间确实不是8小时;(2)大学生的每日平均睡眠时间是8小时,但是由于存在抽样误差,样本均值不是8小时。那么究竟哪种原因更有可能呢?此时,单样本t检验能帮助我们做出更为可靠的决定。

在使用推论统计方法之前,我们先要提出零假设:大学生的每日平均睡眠时间为8小时。那么相应的,备择假设就是:大学生的每日平均睡眠时间不是8小时(这是双侧检验,也可以检验"大学生的每日平均睡眠时间小于8小时",当涉及方向的时候,就是单侧检验)。注意,假设检验中的假设都是针对总体提出的,这里的"大学生"指的就是我们想要研究的大学生总体。之后,我们需要设定显著性水平作为评价标准,在这里你希望犯"大学生每日平均睡眠时间确实为 8 小时,但是我们认为这是错的"这种错误(即第一类错误)的概率有多大呢?假设我们不希望出现这种情况的可能性超过 0.05,那么 0.05 就是我们所设定的显著性水平。然后,我们就需要通过样本数据计算 p 值并与 α 进行比较。

由于本书并非统计学教科书,因此不赘述具体的计算流程。但在汇报研究结果时一般都需要报告 p 值,而几乎所有的统计软件都能帮你直接计算 p 值,比如借助 SPSS 软件对数据进行单样本 t 检验,得到 $p=0.002$ 的结果。这就意味着,在大学生的每日平均睡眠时间是 8 小时的情况下,抽样得到目前样本数据的概率仅有 0.002,小于我们所设定的 0.05 的水平。因此,在 0.05 的显著性水平下,可以拒绝零假设,认为大学生的每日平均睡眠时间不是 8 小时。需要注意的是,数据分析软件所给出的结果不能直接在论文中进行汇报,需要按照一定的格式进行整理,关于应当如何汇报推论统计的结果,可以参见本书第 9 章。

◎ 独立样本 t 检验

独立样本 t 检验可以用来比较两个独立总体之间的均值是否存在差异。例如我们想要检验南方人是不是比北方人更喜欢吃咸粽子,通过抽样获得了一个由 20 个南方人、20 个北方人组成的样本,而在这个样本中,15 个南方人给咸粽子打了 5 星,5 个南方人打了 4 星,而 10 个北方人打了 2 星,10 个北方人打了 3 星(此处以星的颗数代表喜欢程度,5 星表示"非常喜欢",1 星表示"非常不喜欢")。似乎一眼望去,南方人明显要更喜欢咸粽子,然而由于抽样误差的存在,我们不能如此简单地下定论,因为这种极端结果的产生有两种解释:(1)在对咸粽子的评价上确实存在南北差异;(2)南北差异实际上不存在,是抽样误差导致的。同样,我们需要判定哪一种解释成立的可能性更大，这时候就可以借助独立样本 t 检验。首先提出零假设：在对咸粽子的喜爱程度上南方人和北方人之间不存在差异，可以具体操作化为：南方人与北方人对咸粽子的喜爱程度的均值相同。之后需要设定显著性水平，在这里我们希望最多只有 0.01 的概率犯第一类错误，而通过独立样本 t 检验得到如果南北差异不存在，出现这种结果是完全由偶然导致的可能性只有 2.196×10^{-17}，远远小于 0.01，也就是几乎不可能发生。于是在 0.01 的显著性水平下，可以拒绝零假设，认为在对咸粽子的喜爱程度上存在南北差异。

但是需要注意的是，独立样本 t 检验的前提假设是两个总体彼此独立，若两个总体的相关性很高，可以使用配对样本 t 检验比较它们之间的均值差异。配对样本 t 检验是 t 检验的一种类型，不同于独立样本 t 检验，它要求用于检验的两组样本并非独立，而是有一定的相关性。比如使用实验法比较同一个群体在刺激前后某行为强度是否存在差异。由于是对同一个群体进行推断，处理前与处理后的两个样本之间相关性极高，这时候独立样本 t 检验已不再适用，可以使用配对样本 t 检验推论处理前与处理后的两个总体之间的均值是否存在差异。

专栏 7.1 熟悉假设检验的基本步骤：以独立样本 t 检验为例

本专栏我们将以一个具体的研究实例对假设检验的基本步骤进行说明。

第一步，陈述零假设

我们调查了大学生新闻客户端的使用情况，总样本为 513 人，其中男生 256 人，女生 257 人。现在我们想要了解不同性别的大学生在新闻客户端的分享行为上是否存在差异，此时的研究假设是:"H_1:不同性别的大学生在新闻客户端的分享行为上存在显著差异。"

这个假设对应的零假设是:"H_0:不同性别的大学生在新闻客户端的分享行为上不存在显著差异。"由于这两个假设是互斥的,只要我们检验出H_0不成立,那么就可以认为H_1为真,从而接受研究假设;或者只要我们检验出H_0成立,那么就可以认为H_1为假,从而拒绝研究假设。

第二步,确定显著性水平

假设检验的最终目的是判断哪个假设正确,但是由于我们的结果是基于一次抽样获得的,因此可能会出现由偶然因素造成的判断错误。理想的情况是H_0是正确的,我们接受了它;或者H_0是错误的,我们拒绝了它。但是实际情况中我们可能会犯以下两类错误:(1)当零假设为真的时候,我们拒绝了零假设,这时就犯了第一类错误。通常用α表示犯第一类错误的概率。(2)当零假设为假的时候,我们没有拒绝零假设,这时就犯了第二类错误,通常用β表示犯第二类错误的概率。

为了便于理解,我们可以假设自己是正在审理罪犯的法官,犯第一类错误的概率(α)可以被认为是"冤枉好人"的概率,而犯第二类错误的概率(β)可以被认为是"放走坏人"的概率。不管是"冤枉好人"还是"放走坏人",对于我们而言都是损失,因此我们需要平衡两者之间的关系。α就是我们经常提到的显著性水平,$1-\beta$则对应我们平时说的"power"(检验效能)。

那么,α应该控制在什么水平呢?目前社会科学研究中广为接受的标准有0.05、0.01、0.001[①]。在本例中,按照惯例,我们确定显著性水平为0.05。

---

① 巴比.社会研究方法:第十一版[M].邱泽奇,译.北京:华夏出版社,2009.

第三步，选择适当的检验统计量并计算实际值

在确定显著性水平之后，接下来我们需要根据研究问题选择合适的检验统计量。本例要检验分享行为（"1=从不，2=偶尔，3=有时，4=经常，5=总是"）在两个组别中的差异。在第6章中我们介绍过，虽然利用李克特量表和语义差异量表测量的变量属于定序变量，但在社会科学研究中，这些经常被视为定距变量。所以我们选用独立样本 t 检验，根据独立样本 t 检验计算公式、男女样本大小和均值等信息，就可以求出对应的实际值为 3.64。多数统计软件（如 SPSS）能帮我们完成这项计算工作。

第四步，查看特定检验统计量的临界值

除了显著性水平之外，每个检验统计量所对应的临界值还与自由度有关。自由度是指样本中独立或能自由变化的数据的个数。在独立样本 t 检验中，自由度是将每个样本的规模减去1后再加总。换言之，本例中的自由度为 511 [(257-1)+(256-1)]。当明确了显著性水平和自由度后，我们就可查看 t 检验的临界值表格。通过查看发现，在显著性水平为 0.05、自由度为 511（t 检验表格通常不会提供100以上的每个自由度所对应的临界值；出于保守的方式，我们参考的是自由度为100所对应的临界值）、双侧检验的情况下，拒绝零假设所需要的 t 值为 1.984，这就是所谓的临界值。

第五步，比较实际值和临界值，做出决策判断

这是关键的一步。在双侧检验中，如果实际值的绝对值大于临界值的绝对值，就落在了图 7.1 中的拒绝域，反之就落在了接受域。在这个图中，我们拒绝或接受的对象都是零假设。因此，当出现第一种情况时，我们就判定研究结果拒绝零假设，零假设所陈述的内容不是我们所发现的差异的最有力的解释。

换言之,这种差异有很大可能是由分组变量引起的,而不是仅仅由抽样的随机因素导致。当出现第二种情况时,则说明出现目前的统计分析结果是由随机因素导致的可能性还是较大,没有足够的证据拒绝零假设,只好接受它。也就是说,这种差异很可能不是由我们所假设的变量引起的,而是由其他你没有控制的因素或偶然因素造成的。在本例中,实际值为3.64,临界值为1.984,所以落入了拒绝域。就是说,数据分析结果拒绝了零假设。反过来,研究假设"不同性别的大学生在新闻客户端的分享行为上存在显著差异"得到了支持。这意味着,这两个组别在新闻客户端的分享行为的差异有很大的可能是由性别差异造成的。

另外,统计软件在其显示的结果中通常也会直接给出特定统计量所对应的p值。在这种情况下,我们也可以直接将p值与α比较,如果$p<\alpha$,那么你就可以拒绝零假设了。在本例中,显示3.64所对应的p值小于0.001,该值小于我们所设定的0.05的显著性水平。基于此,我们同样可判定研究假设"不同性别的大学生在新闻客户端的分享行为上存在显著差异"得到了支持。

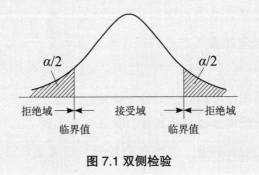

图 7.1 双侧检验

◎单因素方差分析(ANOVA)

当研究涉及三个及三个以上总体时,t检验就不太合适了,这时候需要用单因素方差分析比较多个总体之间的均值是否存在差异。请注意，我们不能使用两两比较的方法，因为这会涉及多重假设检验的问题。例如我们想要了解移动新闻客户端的每日使用频率在老、中、青三代人中是否存在不同，不能简单地将三组两两比较（老年人与中年人、老年人与青年人、中年人与青年人）。方差分析的零假设是所有组之间的均值都相等，而备择假设则是"至少存在一组的均值与其他组不同"，因此若拒绝零假设，则说明所有组之间的均值不尽相同，但是并不能分辨具体是哪些组之间的均值存在不同。

形象地说，方差分析是一个"信息旗"过程。当这枚旗帜升起来了，就说明至少某两个组的均值之间存在统计上的显著差异。如果这枚旗帜没有升起来，意味着所有组之间都不存在统计上的显著差异。对于前者来说，你还需要进行进一步检验，确定具体是哪两组或哪些组间存在差异，这就是所谓的"事后检验"（post hoc）。应用 SPSS 软件进行方差分析的时候，软件为你提供了很多事后检验的方法，每个方法都有自己的特点。比如，LSD 法是灵敏的事后多重比较法，Scheffe 法多用于两组样本数量存在较大差异的情况，而 Dunnett 法的结果是直接以图示的形式展现，你可以根据自己的需求选择最为合适的方法。在此我们不一一解释，你可参考其他统计学著作。

7.1.4 相关分析及其他

除了对总体之间差异性的推断之外，在社会科学研究中，推论统计也常常用于检验变量之间的相关性。简单来说，相关性就是两个变量之间的关系强弱程度。需要注意的是，相关性指的是统计意义上的联系，或者说两个变量之间确实会共同变化，但是并不一定意味着两者之间存在因果关系。

对于定类变量而言，可以用卡方分析检验变量之间是否相关。例如我们想要知道性别与专业的选择是否存在相关性。其中，"专业"是一个定类变量，"性别"也是一个定类变量，此时就可以使用卡方分析。在这个例子中，零假设为"专业的选择与性别是独立的"，也就是变量之间不存在相关性。之后，通过观测数据与期望频数之间的差异计算卡方统计量，就可以判定是否需要拒绝零假设。

当变量是定序、定距或定比变量时，相关系数是更为常用的判定变量之间相关性的方式。比如我们想要考察"大学生每日学英语的时间长短与大学英语六级考试成绩之间是否存在关系"，或"受教育程度与每日使用移动阅读APP频次之间是否存在关系"这样的问题时，就可以使用相关系数进行判定。相关系数是取值在 −1 到 1 之间的数字，数字绝对值的大小代表了相关性的强弱，数字的正负代表了相关的方向。例如当相关系数为 1 时，就说明两个变量之间存在完全的正相关，而若相关系数为 −0.5（绝对值在 0.4 至 0.6 之间），则可以认为这两个变量之间存在负向的中等强度的相关。对于定距或定比变量，我们通常使用皮尔逊相关系数对变量之间的相关性进行描述；而对于定序变量，则一般使用斯皮尔曼相关系数。

构建统计模型也是推论统计常用的应用之一。模型是对现象的一种抽象展现，用以表现多个变量之间的关系。在社会科学的统计应用中，构建模型的目的有两个：一是为了预测数值，根据过去的数据对将要发生的事件做出推测；二是通过对其他变量的控制了解某个具体变量对因变量的影响。最为常用的统计模型是线性回归。线性回归假定自变量与因变量之间呈线性关系，一般使用一个线性方程表示。在使用回归的时候，有一个问题需要注意。我们常常会自然而然地按照因果关系来思考问题，回归分析也往往会让我们认为自变量的变化就是引起因变量变化的原因。但事实上，回归分析源于相关分析，而相关分析测量的是两个变量之间的线性关系，而不是因果关系。因此，尽管两个变量（如学习努力程度和考试成绩）在逻辑上是相关的，但我们不能简单地根据回归分析结果做出因果关系的表述。

此外，除了线性回归方法之外，还有 logistic 回归、路径分析、结构方程模型等构建统计模型的方法，你可以参阅其他资料来了解这些统计方法，并根据具体的研究问题进行选择。

7.2 数据分析的注意事项

7.2.1 数据分析方法要与研究问题相匹配

在社会科学研究中，数据分析的结果是用来检验研究假设或者回答研究问题的，因此在开展数据分析时，要选择恰当的分析方法。也就是说，你的研究问题在很大程度上决定了你将使用何种研究方法和数据分析方法。现在不少人认为，数据分析方法越复杂，就越能体现论文的价值。其实这是一个误区，只要设计巧妙，运用得当，简单的方法也能够做出很有价值的论文。回想几十年前，那时候的统计方法还比较落后，使用的分析方法也较为简单，却诞生了许多相当有影响力的理论研究。反观现在的研究状况，尽管我们的统计方法更为先进，真正有创新贡献的理论却并不多见。

因此，千万不要认为，数据分析方法要越复杂越好，选择与研究问题相匹配的数据分析方法才是关键。接下来我们以"议程设置"这个经典的传播学理论的研究来进一步说明这个问题。该研究是在 20 世纪 60 年代末和 70 年代初开展的。受限于当时的统计技术,研究者所采用的数据分析方法比较简单,但这并不妨碍它成为研究传播效果的经典理论。

议程设置理论是由麦考姆斯和肖提出的。① 简单来说,该理论认为媒体为不同议题设置报道的重要性次序,这种重要性次序进而会影响受众对新闻事件本身的重要性的评价。在当时,不少实证研究都发现媒体的传播效果其实很有限,并非像原先想象的那么强大。比如拉扎斯菲尔德(Paul F. Lazarsfeld)做了一系列关于媒体报道选举内容对选民行为的影响研究,结果发现选民并没有因为媒体的报道内容而改变所支持的政党。在这种背景下,麦考姆斯和肖就产生了这样一个疑问:媒体的效果真的这么差吗?难道媒体对受众真的一点影响都没有吗?当时著名的政治学者伯纳德·科恩(Bernard Cohen)说过这样一句话:新闻媒体告诉读者怎么想很难,但是告诉读者想什么却很容易。受到这句话的启发,两位学者提出假设:媒体可以通过对竞选议题报道内容的设置影响读者对不同政治议题重要性的评价。读到这里,你能发现这个研究假设中有哪些变量吗?你觉得应该采用什么研究方法和统计方法呢?

为了验证大众媒体的议程设置功能是否存在,麦考姆斯和肖设计了一项比较媒介内容与选民对总统竞选的看法的研究。这项研究关注的是在1968年秋为期24天的竞选活动中,新闻媒体上与候选人和竞选议题有关的政治新闻。一方面,研究者利用问卷法调查了100名尚未明确决定投票意向的选民,询问他们对于竞选议题重要性的判断。另一方面,研究者对同一时间的9家新闻媒体针对竞选议题的报道进行内容分析,对其报道的重要性进行排序。最后,研究者把来自上述两个研究的数据进行比较。数据显示,媒介对不同

---

① MCCOMBS M E, SHAW D L.The agenda-setting function of mass media[J]. Public opinion quarterly, 1972, 36(2): 176-187.

的竞选议题的强调程度，和选民对于竞选议题重要性的判断，两者之间存在非常强的联系。事实上，两者的相关系数达到了 0.96 以上！在社会科学研究中，很少能发现两个变量之间具有如此高的相关性。不难看出，麦考姆斯和肖用了一个相关分析就验证了议程设置假说，可谓精妙之极！

7.2.2 务必对数据进行预处理和清洗工作

当你拿到数据后，先不要着急做分析，而应该先对数据进行预处理。换句话说，你需要检查数据是否存在错误，或者是否存在不利于数据分析的地方，要将这些可能影响数据分析结果的潜在"危害"找出来，并做适当的处理，从而保证研究结果的可靠性。在数据预处理的过程中要关注以下几点。

首先，要关注数据来源是否准确。如果你是利用纸质问卷发放和回收数据，就需要通过人工录入的方式将结果录入电子表格中。在数据录入的过程中，可能会产生数据输入错误的情况。因此，务必做好电子数据记录和原始纸质问卷的对应工作（便于后续复核），同时在录入过程中要集中注意力（最大程度地减少录入错误）。当你完成数据录入后，可以随机抽取一部分数据与纸质问卷的结果进行比对，以确保录入数据的准确无误。当然，如果你采用的是网络问卷，就不存在人工录入的问题了，现在的很多在线调查软件都自带导出数据结果的功能。

其次，要统一变量命名方式和数据格式。一份数据中往往有较多的变量，因此要统一命名规则，确保变量名称简洁易懂。不少数据分析软件可能不支持中文，因此建议使用英语字母命名变量，同时在标签中注明其具体含义，以免忘记。除了变量的命名方式外，也要确保数据格式的一致性，如数字型的数据保留几位小数等。

再次，要重点关注数据是否存在缺失值或者异常值。缺失值指的是某一行数据中缺少的数值，出现非系统性的缺失值有可能是由于数据录入过程中的失误，也有可能是由受访者填答失误造成的。对于存在缺失值的样本，通常有两种处理方法。一种是直接删除样本，不过，如果样本数量较少而且缺失样本数较多，这种方法并不合适。另外一种是插补法，即通过估算的方式补充缺失值，不少统计软件都具备这些功能。除了注意缺失值外，还需要格外注意异常值。异常值通常指明显偏离正常数据结果的个别数值。例如你的研究对象是青少年，却有一份问卷中的"年龄"变量为45岁，这个数值显然存在"异常"。你可以根据数据的实际情况确定异常值并采用恰当的方式进行处理。但必须注意的是，有时候异常值也会提供一些重要的研究信息，不可随意抛弃或者修改，应该结合经验判断决定是否剔除。

最后，还要留意是否需要将数据作一些处理（如取对数、开平方、标准化等）。有时这些处理能够帮助你更好地构建模型，有利于数据分析。比如"收入"这样的经济数据常常呈现"右偏"的分布，也就是说大多数人的收入都比较低而且差距不大，但存在一些收入非常高的人，并且有些人的收入可能高得无法想象。对于这样"右偏"的数据，常常需要在构建线性回归模型前取自然对数，做自然对数函数变换不会改变收入的大小排序（比如研究收入和每月消费之间的关系时，不会改变相关性的正负），却可以使个别极端值不再显然那样"极端"。这种处理会使数据的整体分布更加对称，而较为对称的数据分布会更符合某些模型的要求。

7.2.3 熟悉特定数据分析方法的适用条件

在具体考虑选用哪种数据分析方法的时候，你还需要了解使用这种方法的一些适用条件,因为一些统计量通常有其既定的假设,这些假设可能涉及对变量尺度、样本大小、总体分布、样本间独立性等的要求,在选择数据分析方法时都要加以注意。

变量的测量尺度是在选择数据分析方法之前必须注意的一个重要问题。我们之前提到过,研究者通常会将概念具体化为可以测量的指标,最后变成数字的形式,但是由于变量类型或测量的精确程度不同,我们会用相应水平的测量等级对变量进行区分,将变量分为定类变量、定序变量、定距变量和定比变量。例如,进行差异分析时,如果因变量是定类变量或定序变量,自变量也是定类变量或定序变量,通常我们选用卡方分析开展差异分析。如果因变量是定距变量或定比变量,则需根据自变量的类别及数目来选择某种差异分析方法。具体来说,如果自变量只有两个类别(如性别、有无使用经历等),则选用独立样本 t 检验;如果自变量有三个或更多的类别(如不同职业或教育背景等),则选用单因素方差分析。例如当计算两个变量间的相关性时,若两个变量都是定距或定比变量,可使用皮尔逊相关系数;而若两个变量都是定序变量,斯皮尔曼相关系数则更为合适。又比如构建回归模型时,若因变量是一个二分变量,那么此时应当选用 logistic 回归模型,用以判定出现某一类的概率大小,此时普通的线性回归模型就不再合适了。

除了对变量测量尺度的要求之外,每一种数据分析方法还具有一些特定的前提假设。例如 t 检验会要求样本数据来源于正态分布的总体,但当样本量足够大的时候,一般不会考虑这个假设。对于独立样本 t 检验而言,严格来说是需要保证两样本是独立的,且所来自的总体具有方差齐性,也就是说两个总体方差应当相等。再如应用多元线性回归的时候,所分析的数据除了要符合正态性和残差独立性假定之外,通常也要考虑自变量之间的共线性问题。为了避免这个问题,在进行回归分析之前可以借助方差膨胀因子进行判定,也可进行自变量的相关分析,如果发现有两个自变量的相关系数很高(如在 0.75 以上),可考虑根据先前的研究挑选其中一个比较重要的自变量纳入回归分析。另外还需要注意的是,如果自变量不是连续变量,在纳入回归分析模型时要先转换为虚拟变量(也称为"哑变量"),将其中一个类别作为基准组,其他类别作为比较组。

专栏 7.2 选择合适的统计方法

我们根据研究的目的和统计方法的适用条件,给出了选择统计方法的基本思路(见图 7.2),希望对你有所帮助。

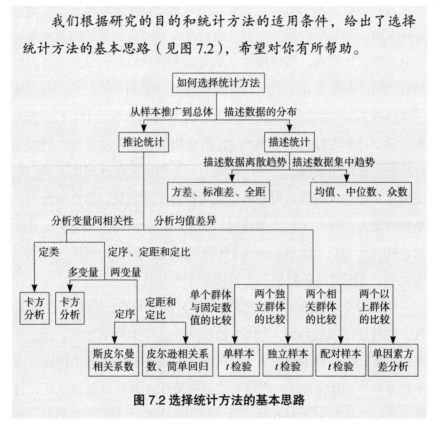

图 7.2 选择统计方法的基本思路

第8章
"洋八股"体例：撰写学位论文

恭喜你历经"千辛万苦"，终于来到了完成学位论文的最后一步——撰写。将你的想法转换成文字，这可不是一件简单的事情！规范的行文和清晰的表达是学位论文写作的基本要求，当然如果写得有趣，那就更好了。学位论文的结构大体是一致的，包括引言、文献综述、研究方法、研究结果和讨论、结论等部分。由于这种行文结构在国际上被广泛应用，因此也经常被称为"洋八股"。但需要指出的是，虽然论文的行文结构看起来相似，但是文字和内容是灵活自由的，因此，论文在质量方面也可能存在"天壤之别"。

那么，怎么才能写出一篇规范的高质量学位论文呢？接下来，我们将逐一介绍论文各个具体部分写作的大体要求，并结合《网络游戏作弊行为及其发生机理的实证研究》（下文简称《网游作弊研究》，全文见附录1）一文，举例加以说明[①]。虽然这篇论文是期刊论文，但撰写方式与学位论文并无本质差异。

专栏8.1 沙漏型写作思路

什么是沙漏型写作思路？顾名思义，这种写作思路把撰写论文的过程想象成下面的"沙漏"：先从一般性的探讨到特定性的探讨，再从特定性的探讨到一般性的探讨。

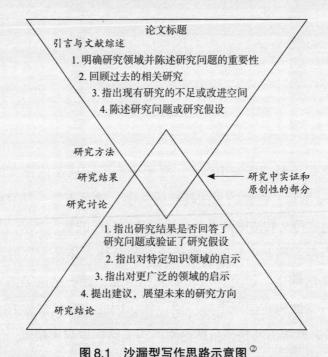

图8.1 沙漏型写作思路示意图[②]

引言部分介绍论文的研究背景和研究目的，涉及的内容比较宽泛。随后你要撰写文献综述，梳理以往的研究并指出存在

[①] 吴月华，李武. 网络游戏作弊行为及其发生机理的实证研究[J]. 国际新闻界，2014，36(3)：37-52.

[②] 该图改编自：http://www4.caes.hku.hk/acadgrammar/general/organize/hourglas.htm. 访问时间：2019-05-28.

的不足,这个时候你从一个宽泛的议题逐渐聚焦到更窄的研究角度,并在相关理论和经验研究的基础上形成你的研究问题或者研究假设。为了回答研究问题或验证研究假设,你需要设计研究思路,收集和分析数据,得出研究结论,此时你已经到了沙漏中间最窄的部分。接下来你要撰写讨论部分,对研究结果做出解读,包括将研究结果和其他相关的研究进行比较,此时你的视野开始慢慢从狭窄变得开阔。最后的结论指出研究的理论价值和实践价值、研究局限与未来研究方向,这时候你的视野达到了最为开阔的程度。

在这样的谋篇布局中,你可以感觉到论文的撰写是从一般性的探讨到特定性的探讨,再从特定性的探讨到一般性的探讨。形象地讲,这个过程就像"沙漏"一般,是一个从宽逐渐变窄、再从窄逐渐放宽的过程。当然,每个部分的写作顺序不是固定的,可以根据你的个人喜好安排,但是论文整体的思路构架是一致的。

8.1 如何撰写"题要词"

我们把标题、摘要和关键词统称为"题要词"。其中,标题就像一个人的名字,虽然有时会有重名,但尽量要产生"人如其名"的效果。也就是说,论文标题需要清晰准确地表达出你研究的核心目的,如"新媒体使用对青少年生活满意度的影响研究""社交网站使用对社交焦虑的影响:个人特质的中介作用"等。看到这些题目,读者就可以非常清楚地知道论文的研究问题。如果你的研究中包含有特色的研究方法或者理论视角,也可以将其直接写在标题中,如"数字阅读对阅读理解的影响:基于眼动实验的检验""认知视角下用户对虚拟现实技术的采纳行为研究"等。除此之外，如果希望标题更加吸引人，可以使用一些特殊的技巧（如用疑问或对比的句式作为主标题），如"另一种娱乐至死？——体验、幻象与综艺娱乐节目制作过程中的劳动控制""进取与迷失：程序员实习生的职业生活"。但需要注意的是，所拟定的题目一定要与研究主题或研究目的相吻合，同时要尽量保持题目的简洁性。

摘要的英文是abstract，这个英文单词的词根是"往外拉"的意思。这个说法颇为形象，摘要就是从正文中抽出一部分内容用来高度概括全文内容，使读者读完了摘要就可知道论文的核心内容。所以，摘要也被视为一个完整的"小论文"。有经验的读者在决定是否通读全文之前，往往先查看摘要。因此摘要的撰写是非常重要的。一份完整的摘要需要包括如下内容：（1）研究背景或研究动机。回答"为什么要做这项研究"，阐述研究的背景、重要性、以往研究存在的问题或者你的研究可能产生的重要影响。（2）研究问题或研究假设。针对研究议题提出研究问题或研究假设，即要回答什么样的研究问题或验证什么样的研究假设。（3）研究方法与研究结果。交代你的研究采用了何种收集数据的方法（如问卷法、实验法、访谈法等），通过数据分析得到了什么结果。（4）研究结论与启示。总结研究内容并阐释研究的理论或实践价值。虽然各个学校对摘要的字数要求不同，但"精练"是撰写摘要的基本要求。对于上述每个内容模块，你都要尽量用最简洁的语言进行描述。

关键词是与论文密切相关的一组词，通常为3~8个词或短语。关键词是你研究中的核心概念。关键词通常是名词或名词短语，要与论文主题贴合。除了概括文章的核心概念之外，关键词的一大用途是方便后续的检索。因此，关键词使用的词语既不能太泛，又不能过于狭隘。例如，如果你的研究探讨微信使用对孤独感的影响，那么关键词可以是"社交媒体使用""孤独感"等，而使用"社交媒体"就会显得比较空泛。另外，还要注意关键词的排序，将你认为相对重要的关键词排在更靠前的位次。

《网游作弊研究》的标题全称为"网络游戏作弊行为及其发生机理的实证研究"。通过标题，读者即可了解文章的研究内容——网络游戏作弊行为及其发生机理，也可知道文章所采用的研究范式——实证研究。由于发表时期刊对摘要字数有限制，文章在摘要部分介绍了研究问题、研究方法和研究结果（即介绍了"用什么理论和方法研究了什么问题，得到了什么结论"）。如果没有严格字数要求的话，仍然建议你尽量涵盖正文的各个部分，比如在本例中，需要补充研究动机和研究启示。至于关键词，文章选用了五个关键词，其中前两个（网络游戏、游戏作弊）是关于研究议题的，第三个（社会认知理论）是文章所采用的理论，最后两个（社会环境、个人因素）则给出了研究的具体角度。

同时，作者给出了英文版标题、摘要和关键词。由于中英文的表达习惯不同，不能生搬硬套，逐字逐句翻译。比如，作者就将英文标题表述为"An empirical exploration of online game cheating behavior"，并没有追求中英文在字面上的一一对应，那样反而会"弄巧成拙"。虽然学位论文的英文"题要词"不是非常关键，但也不能出现明显的用词和语法错误。

8.2 如何撰写引言

读者阅读你的论文，其实就像是通过文字与你"约会"。因此，作为映入眼帘的第一个部分，引言就至关重要。虽然引言的篇幅所占比例并不大，但值得你花心思好好打磨。从策略上，你不妨从以下三个问题入手，并按此顺序来组织文字。

第一个问题是："你为什么要研究这个议题？"换言之，陈述问题的缘起，告诉读者为什么要关注你的研究议题。在具体策略上，你可以在论文的开头援引跟本研究议题密切相关的社会现象、媒体报道、市场报告，或者指出学界对某个现象的看法存在争议，从而引发读者继续阅读的兴趣。第二个问题是："目前研究的进度如何，还有哪些值得探究的地方？"通过梳理以往对该议题的研究情况，简明扼要地指出当前研究存在的缺陷，更详细的内容可放在文献综述中进行阐述。第三个问题是："你打算如何解决这个不足？"通常会以"本文的目的是……"来开头。建议用最简短的语言来说明你的研究问题或研究目的。研究问题或研究假设也可放在文献综述中具体展开论述。

《网游作弊研究》的引言共有三段。第一段通过比较传统游戏和网络游戏的区别，援引调查数据，指出网络游戏作弊行为的"盛行"。第二段从个人行为、商业组织和社会影响这三个方面进一步指出，网游作弊的盛行是一个亟待研究和解决的道德和法律问题。通过这两段文字的介绍，作者回答了第一个问题："为什么要研究网游作弊？"并充分论证了研究该议题的重要性和紧迫性，具有较强的说服力。

在第三段的前半部分，作者回答了第二个问题："目前已有的文献主要聚焦于游戏作弊方法及其类别、抵制作弊的途径以及作弊动机的研究。这些研究都没有深入阐述网游作弊的社会心理机制。"这段文字提纲挈领地向读者展示了网游作弊的研究现状以及存在的研究缺陷，并把研究对象从宽泛的议题（网游作弊）聚焦到了具体的角度（网游作弊的社会心理机制）上。在该段的后半部分，在指出该研究议题的重要性以及以往研究的不足后，作者很自然地提出了本文的研究目的，回答了第三个问题："为此，本研究运用社会认知理论构建理论模型，试图寻找造成网游作弊行为的个人因素和环境因素，并阐述动机与行为之间的互相作用机理。"

8.3 如何撰写文献综述

紧跟在引言之后的便是文献综述。当你介绍了研究背景和研究目的之后，就需要梳理和评价跟研究议题相关的以往研究，并提出自己的研究问题或者研究假设。在第4章的文献调研部分，我们介绍了"泛调研"和"精调研"这两种不同的调研方式。从某种程度上讲，文献综述就是利用这两种调研方式，详细回答在引言部分所提出的后两个问题。

一方面，你需要梳理该研究议题的研究现状，将研究议题聚焦到某一特定角度。这就好比你想参与一群人的话题讨论，得先了解这群人都说了些什么，才知道如何加入他们的讨论中。因此你需要按照一定的逻辑清晰地指出目前已有哪些研究，这些研究已经进展到什么地步了等。但是，仅了解前人相关的研究还不够，你还需对这些研究进行评价，找到过去研究的局限，凸显你的研究的重要性。大体来说，你可以从研究主题、研究视角、研究方法和研究结论等角度对以往的研究进行评价。例如，过去的研究只聚焦某些方面而忽视了其他方面，相关议题还没有被充分研究或缺乏新的理论视角，研究样本有失偏颇，统计方法相对陈旧，研究结论不一致，等等。正是因为存在这样或那样的问题，你做的这个研究才具有"必要性"。因此在撰写文献综述时，不能单纯地罗列或堆砌以前的文献，而是要组织并评价这些文献，并将其关联到自己的研究议题上来。由于篇幅的限制，《网游作弊研究》除了在引言部分简述了研究现状和存在缺陷之外，并没有在文献综述部分具体展开论述，但你在撰写学位论文的时候，完全可以就此展开更为详细的介绍。

另一方面，也是更为重要的是，你需要寻找相关的理论和研究结果，把你的研究议题转换为研究问题或者研究假设。因此，有时，作者也会用文献回顾、概念模型、研究假设或其他标题概括这部分内容。正如前文所言，研究问题并没有明确变量之间的关系，而研究假设则需要明确变量之间的关系。如果以往的研究足以帮助我们预测变量之间的关系，就可以据此提出研究假设。换言之，到底是提研究问题还是研究假设，取决于是否有足够的理论和文献作为支撑。同样的道理，能够提出什么样的研究假设，在很大程度上也取决于你所依据的理论和文献。

理论就像我们观察社会现象的"眼睛"，借助不同的理论，我们往往能够看到同一事物的不同方面，正所谓"横看成岭侧成峰"。举个例子，当我们想要研究互联网使用对个人社交关系的影响，选取不同的理论视角可能会得出不同的研究假设。一种理论从时间分配假设出发，认为用户使用互联网会压缩他们在现实生活中的社交活动，不利于社交关系的发展；另外一种理论则认为互联网本身就是重要的社交途径，使用互联网能够有效地促进用户的社交关系发展（比如突破时空限制）。依据不同的理论，可能得出截然相反的研究假设。除了理论之外，文献也是我们提出研究假设的重要来源。比如，我们提出"用户对电子书阅读客户端的感知价值正向显著影响其忠诚度"这一研究假设，在阐明两者在理论上的关系之后，援引之前的实证研究发现：在市场营销领域，针对不同主题领域（包括电话服务领域和网络平台服务领域等）的实证分析都分别验证了两者的这种关系。[①]

简言之，在提出研究问题或研究假设（尤其是提出研究假设）的时候，要做到"有理有据"。所谓"理"指的是理论，"据"指的是先前的研究文献。提出假设的过程其实就是逻辑演绎的过程，从理论出发，通过逻辑推理并辅以以往的研究，发展出系列研究假设。道理虽然简单，但撰写高质量的研究假设确实是一项非常具有挑战性的工作。提出好的研究假设就好像是一门艺术，就连熟练的写作者也需要花费大量的时间撰写和反复修改。建议你和指导老师或者同学反复讨论和修改研究假设。

《网游作弊研究》一文共有 10 个研究假设，作者以此构建了一个概念模型。作者借助社会认知理论和前期实证研究文献，逐一提出每个研究假设。限于篇幅，我们选择 H1 和 H3 为例加以解说。H1 为"个人所受的社群影响越大（周边的人在网游中作弊的频率越高），他/她在网游中的作弊频率就越高"。为了提出这个研究假设，作者利用社会认知理论指出，"根据社会认知理论，环境是影响个人行为最为关键的因素之一，而社会环境又是这个关键因素的核心内容"；然后引入社会认知理论中"观察学习"的概念，指

[①] 李武. 感知价值对电子书阅读客户端用户满意度和忠诚度的影响研究 [J]. 中国图书馆学报，2017，43(6): 35-49.

出"除了通过直接学习之外，个人还可以通过观察他人的行为及其所导致的结果来进行学习"（间接学习），并指出，"特别是在缺乏被广泛接受的社会标准或与之相抵触的内化标准的情况下，个人更容易受到间接学习的影响"。"观察学习"的核心观点是：个人的行为可以通过观察他人行为模仿形成。具体到网络作弊行为情境，他人行为指的是自己观察到的周围人的网游作弊行为，个人行为则是自己的网游作弊行为。根据观察学习理论的核心观点，就可以推论出H1。另外，H3为"个人游戏作弊自我效能感越高，他/她在网游中的作弊频率就越高"。为了论证这个研究假设，作者同时从理论和文献两个方面加以说明。具体而言，作者首先援引班杜拉（Albert Bandura）的社会认知理论，其中涉及自我效能感部分的核心观点是：自我效能感越高的人越有可能完成某件事。结合网游作弊行为来说，这里的自我效能感指的是"个人的网络游戏作弊自我效能感"，而完成某件事则是指"网络游戏作弊"，然后作者同时引用以往的实证研究来说明游戏自我效能感确实会对用户的游戏相关行为产生重要的影响。

8.4 如何撰写研究方法

通常来说，研究方法部分需要包括三个板块：研究对象和研究步骤、样本来源、变量测量和数据分析方法。首先，你需要指出研究对象，并交代你的研究是在何时、何地，采用何种抽样方法收集了多少份有效数据。如有必要，同时说明所进行的数据清洗和整理工作，比如交代过滤无效样本的标准和方法。其次，你需要阐述变量的测量方法，包括具体的测量问项、依据来源以及量表的信度、效度。最后，你还可以交代具体的数据分析方法。当然，你还需要根据自己选定的具体的研究方法交代其他的重要内容。比如，对于实验法，需要交代实验材料设计和操纵检验；对于内容分析法，需要说明编码表和编码方案等。请牢记，这一部分的写作关键是"清晰准确"——他人可以直接按照这个流程来复制你的研究。

《网游作弊研究》在研究方法部分主要介绍了研究对象和步骤以及变量测量方法。文章指出该研究的目标人群为参与网络多人游戏的游戏玩家。研究步骤包括三个步骤：通过现有的文献和焦点小组形成原始量表；通过预测试形成最终量表；通过正式调查获取最终样本。作者在交代这些信息的时候，尽可能地向评审专家、编辑或读者交代他们可能会关心的细节，比如参与预测试的样本数量，正式调查的时间和方式等。在测量部分，作者较为清晰地介绍了5个重要变量：网络游戏作弊行为、社群影响、游戏作弊自我效能感、对游戏作弊的产出期望以及对游戏作弊的态度。针对每个变量，作者都交代了各个分量表的问项、参考文献以及在本研究中的内在一致性信度。

8.5 如何撰写研究结果

研究结果部分要求客观地汇报和呈现数据分析结果，不能掺杂带有主观性的解读。正如前面章节所呈现的，数据结果通常包括描述统计和推论统计。通常文章首先需要汇报描述统计结果，包括样本的构成、核心变量的集中和离散趋势，等等。对于推论统计的结果撰写，要与前面的研究假设或者研究问题相对应。当你汇报结果的时候，需要秉持"奥卡姆剃刀"式的精简原则——"如无必要，勿增结果"。通俗地说，必要的结果一个也不能少，无用的结果一个也不能多。另外，你需要总结并整理数据结果，不用把软件给出的结果都毫无逻辑地罗列出来，如果实在需要给出全部的分析结果，可以把它们放在附录或者补充材料部分。汇报研究结果时可以采用图表进行辅助呈现，但是图表和文字部分应该相互配合补充。

《网游作弊研究》一文的研究结果部分包括描述统计分析和结构方程模型。作者在描述统计分析部分，除了介绍样本的基本分布情况（如性别、年龄和学历等分布情况），也对用户网游以及网游作弊的基本行为做了简要介绍，包括最为常用的网游平台、网游频率以及网游作弊频率等。另外，作者在这个部分还提供了本研究5个核心变量之间的相关系数，为后续的结构方程模型奠定了基础。结构方程模型是该文研究结果汇报的重点。首先，作者指出在开展结构方程模型的时候采用的是问项组合的处理方式，并给出了理由。其次，作者给出了初始预测模型的拟合度指标以及标准化路径系数。最后，作者根据修正指标和理论考量修正了预测模型，并提供了修正后的预测模型的拟合度指标以及标准化路径系数。

8.6 如何撰写讨论

在论文中，研究方法与研究结果部分相当于"沙漏"中间最窄的部位。后续的讨论部分就是要根据研究结果与前面的文献综述形成充分的互动和对话，因此你需要再次拓宽自己的研究视野。讨论是否恰当，是否深入，往往是评估一篇文章价值的重要因素之一。讨论部分同样需要花费大量时间，包括如何解读数据结果，这些结果有什么内涵和深意等。但是，很多学生在撰写讨论部分的时候，却随便写点内容敷衍了事。给人的感觉就是"雷声大，雨点小"——前面做了详实的理论阐述和文献工作，中间花了大篇幅详细地介绍研究方法与研究发现，到了讨论部分，却几乎没有声音了。那么如何结合研究结果回应前面的文献综述内容呢？

讨论部分首先要说明你的研究假设是否得到支持。如果研究假设成立，可阐述你的研究议题或研究情景如何进一步验证了变量之间的关系，提高了这一研究结论的可推广性；如果你的研究假设不成立，则需要给出可能的解释，你可以同时给出多个可能的解释，如有理论或文献的支撑更好。讨论部分不需要将每个研究问题或研究假设都拿出来探讨，而是针对其中有价值的地方进行探讨。请一定要重视讨论部分的撰写！如果处理不当，讨论部分就会成为论文的鸡肋，反之则有可能会成为文章的亮点。

《网游作弊研究》一文在讨论部分首先简短地总结了研究结果，然后分别对研究假设的检验结果进行了较为详实的讨论。比如，作者在第二段中讨论了该研究根据社会认知理论所构建的理论模型的有效性。首先，作者指出"本研究所构建的理论模型揭示了网游作弊过程中诸多不同因素互相影响的复杂性。与社会认知理论相吻合"，"研究发现个人因素、社会环境和游戏作弊行为三者之间存在着动态的相互作用关系"。然后，作者对变量之间的关系逐一进行讨论。接下来，作者在第三段重点讨论了一个与研究假设不符的结果——社会环境影响对游戏作弊的态度没有显著作用。对此，作者给出了两个可能的解释，也进一步指出需要在今后的研究中对此进行深入研究。

8.7 如何撰写结论

在结论部分，除了简要概述研究结论，你还可以交代这项研究的价值和局限。研究价值也就是本研究所带来的研究启示，具体可分为理论启示和实践启示，前者指的是你的研究的理论贡献，后者则是你的研究结果对现实的指导或参考意义。人无完人，论文也没有完美无瑕的论文。你可以在文章的最后指出所存在的不足。这个部分的撰写需要注意两个方面：其一，"研究不足"不能成为你的"借口"。如果你的论文存在原则性或根本性问题，只能说明论文未达到学术标准。其二，"研究不足"不能流于表面和形式。所提的研究局限，最好是今后进一步研究的切入点，可为自己或他人的后续研究提供启发。

《网游作弊研究》一文在文章的最后也指出了研究的贡献与不足。作者从社会、学术和产业发展三个角度指出了该文的研究意义。比如，从社会的角度来看，作者将其研究意义总结如下：尽管人们已经开始关注网络游戏的负面影响（如网络成瘾和网络暴力），大家对于网游作弊这种所谓网络反社会行为却知之甚少，考虑到网游作弊的道德涵义及其对当代社会特别是当今网络一代青少年的潜在影响，这项研究具有重要的社会意义。最后，作者从样本和模型的解释力等方面指出了这项研究的不足和未来的研究方向。

8.8 如何撰写其他部分

上面所介绍的引言、文献综述、研究方法、研究结果、讨论和结论都属于论文的正文。尽管你可以根据实际情况对上述个别部分进行整合，比如有些文章会将研究方法和研究结果放在一起，有些会把研究结果和讨论放在一起，还有一些会把讨论和结论放在一起，但是这些内容都是不可或缺的。除了正文和"题要词"之外，在撰写学位论文的时候，你可能还需要提供参考文献、附录和致谢。通常来说，参考文献是必需项，而附录和致谢并非是必需的。

参考文献体现了你的研究与他人研究之间的联系，对参考文献的选择在很大程度上能够体现你的"学术品位"，而参考文献的著录规范则可以反映你的"学术态度"。具体请参见第9章的内容。附录是对论文正文的补充或者解释，那些你认为有必要让读者了解但又不太适合放在正文中的材料，可以将其放在附录中。附录中的内容可以多种多样，主要包括但不限于：访谈对象的文字记录、完整的调查问卷题目、实验使用的刺激材料、复杂的数学计算公式等。在致谢部分，你可以完全根据自己的风格和喜好撰写。你可以在这个部分感谢对你的写作有所帮助的任何个人或机构，如为你的论文写作提供了实质性帮助的导师或答辩老师，或为你的求学生涯及论文写作提供了精神和情感支持的家人、好友等。

专栏8.2 重视论文的修改工作

> 在你按照上面的要求写完论文后，你以为这就"大功告成"了吗？不是的，这只是完成了论文的初稿而已。相较于初稿撰写，有时定稿的过程会更加漫长。有句话说得好，好的论文不是写出来的，而是改出来的。有过论文写作经历的人都知道，反复地修改论文是司空见惯的事情。所以，务必重视论文的修改工作。

总的来说，修改工作包括以下几个方面：(1) 对论文整体逻辑架构的修改。你需要从整体视角进行反思，核查每个部分之间是否有清晰的逻辑关系。作为有经验的阅读者，指导老师或答辩老师通常首先会关注论文目录和论文架构，查看论文的结构是否完整和清晰，比如是否缺少某个必要的组成部分，文献理论部分与后续的分析部分是否有紧密联系，等等。如果存在这类问题，你需要进行"大刀阔斧"的调整工作。(2) 对论文每个部分的修改。如果你的论文整体架构没有问题了，接下来就要关注每个部分的内容，尤其是加强论述的逻辑性，比如核查是否缺少必要的论证文献、材料数据等。随着写作的深入，你对该话题往往会有更深的理解，因此可以根据新的理解重新调整前面的内容。(3) 对语言表述的修改。尽量用简单的语句，消灭错别字。如果翻译引用英文文献，表述要尽量符合中文表述习惯，表述的"英文化"倾向是目前比较常见的问题。(4) 统一数据呈现方式和参考文献著录格式。虽然你在撰写的时候，就应该注意这些规范问题了，但强烈建议在修改阶段再次予以核实并确保所有的细节准确无误。

我们也跟你分享一些修改经验。首先，要学会冷处理。当你写完论文后，不要马上修改，而是"静置"一周，不去理睬它。当你再接触论文时，你就会觉得又陌生又熟悉，然后更加客观地审视自己的论文。其次，邀请导师或者同学对论文进行"挑剔性"阅读。"当局者迷，旁观者清"，由于思维习惯、情感等因素，有的时候，你真的无法抽离出来用"读者"视角阅读自己的论文。因此，邀请导师或者同学进行挑剔性阅读是个不错的办法。另外，在确保论文的架构和论述没有明显的问题后，我们也建议你采用"朗读修改"的方法。不少人都是一边默读，一边修改。这种做法虽然效率较高，但不利于发现细节问题，比如表述不当和错别字等。如果你希望提升论文的文字质量，不妨试试出声朗读的方法。

第9章
无规矩不成方圆：注重写作规范

没有规矩，不成方圆。在学位论文写作过程中，不仅要注意行文结构的规范，还要留心其他方面的规范，包括文字书写、标点运用、数据呈现和文献引用等。在学术论文中，正确地使用文字和标点符号，能够帮助你准确、严密、清晰地展示研究内容与成果。考虑到文字书写和标点运用更多是需要平时的积累和长期的练习，我们在此主要介绍另外两类重要的写作规范：一个是数据呈现的规范，另一个是引文著录的规范。

请牢记在心，写作规范无关乎科研能力，而是反映你的写作态度。千万不要因为自己的"马虎"给评审和答辩老师留下不好的印象！"细节决定成败"，真的没有夸大其词。

9.1 数据呈现规范

俗话说，"一图胜千言"。在撰写学位论文的过程中，免不了要使用一些图表，但图表不能被滥用。使用图表的目的是清晰地传达数据的信息。所以，如果数据结果可以直接用文字描述清楚，就不需要使用表格；如果用文字无法描述清晰或者略显啰唆，那么图表就派上用场了。请记住，当你准备使用图表的时候，不要直接将软件的结果粘贴到论文中，因为很多图表或图表中的很多信息是冗余的，而且表达形式也不清晰明了。正确的做法是，根据特定的标准调整表格并整理数据，以符合规范表达和清晰呈现的需要。

9.1.1 制作图表的注意事项

制图需要注意：将数据转换成图形前应仔细分析其特点和规律，力求选择最合适的图的类型来清楚、直观地表达信息；制作坐标图时，应考虑读者的阅读习惯，尽量用横轴表示自变量，用纵轴表示因变量；坐标轴上刻度和数值标识的间距也要尽量协调、自然，避免过密或过疏；针对图片，要考虑版面和分辨率大小，如果需要裁剪以突出重要细节，应在原图上标出裁剪范围；对于由多张分图组成的大图，各分图要用（a）、（b）、（c）等清楚标注。

制作表格还应注意：栏中使用的单位应该标在该栏表头项目名称的下方。各栏均应标明变量、数据、符号、单位等，只有在无必要的情况下方可省略。表中上下或左右相邻的栏内容相同时，应重复标注或通栏表示，不能使用"同左"或"同上"这样的语言来代替。表内用空白表示未测或无此项，通常用"-"表示未发现，用"0"表示实测结果确为0。表格中数字的书写要规范，对于纯小数，通常要写出小数点前定位的"0"。

从呈现形式上看，表格可分为全线表、无线表和省线表。全线表是指表格外框有表框线，各项之间有行线、栏线的表格。无线表是指既无表框线，也无行线和栏线的表格。省线表是指省略墙线或部分行线、栏线的表格。其中，三线表是最常见的省线表，它只保留顶线、横表头线和底线。当然，三线表并不一定只有三条线，必要时可添加辅助线，但无论加几条辅助线，仍称为三线表。三线表以其形式简洁、功能分明、阅读方便等诸多优势在论文写作中被广泛使用，其组成要素包括：表号、表题、项目栏（表头）、表身和表注。除了组成要素外，表格里的内容也是有讲究的，不同的数据分析结果所需要汇报的元素也是不同的。但是，学术界没有统一的规定。因此，你在撰写学位论文时，请参考学校的相关规定；如果学校没有明确规定，应该询问导师或者参考本领域内权威期刊的做法。

选定适合的图表类型后，还需要注意以下一些细节。首先，每张图或表在文章中都应明确提及，例如"如图3所示""（见图3）""表1给出……"等。图表应该按出现的先后顺序用阿拉伯数字编号。若论文中只有一张图或表，仍应注明"图1""表1"。图表在文中的布局要合理，一般随文排，先见文字，后见图表。如囿于版面，不能随文排，应注明图表所在页码，如"见第6页图2""见第8页表3"。图表旁空白较大时，也可串写文字。

其次，每张图或表都应有题名，图题应放在图的下方居中书写，表题应放在表的上方居中书写。图（表）号与图（表）题之间空一个字符。图（表）号和图（表）题宜用有别于正文的字体、字号。图表中的文字和符号宜用比正文小1号的字号。图中的术语、符号、单位等应与表中的文字表述一致，但切忌与表中的文字表述重复。

专栏9.1 根据变量特征选择合适的图

常用图的类型有条形图、扇形图、直方图、折线图、箱线图、散点图等,它们所侧重展现的信息不尽相同。

如果你想比较不同类别之间的频次,最好选用柱形图或条形图。条形图通常用不同高度的矩形代表每一种类别,矩形的高度表示频数。如果你想表示组成一系列数据点的项目的比例,可以使用饼图。一个扇形代表一种类别,扇形的大小代表着该类别占比的大小。条形图和扇形图都适用于对定类数据的描述,因为定类数据的类别之间没有大小之分,对顺序没有要求。

当数据的测量尺度是定距或定比时,大小顺序也是数据信息之一,此时使用直方图和折线图就更加合适。直方图也是用矩形的高度表示频数或频率,但是与条形图不同的是,直方图需要事先将数据分成组,对每组数据出现的频数/频率进行计算,然后按照顺序排列。一般来说,直方图的每个矩形之间是没有空隙的,因为两个矩形的交汇处也可能存在数据。

箱线图展现的是数据的相对位置,一共有五个统计量:最大值、最小值、第一四分位数、第二四分位数(中位数)、第三四分位数。箱线图可以直观地呈现数据的变异特征,便于发现离群值,在比较两个或多个数据集的时候也十分有用。

与以上几种图不同的是,散点图涉及两个及两个以上变量(一般是两个),用来展现变量之间的关系,在探索相关性和构建模型的时候可以提供许多有用的信息(例如相关性的强弱、是否呈线性相关等)。

接下来我们将以第7章所介绍的常用的数据分析方法为例,向你介绍如何利用三线表规范地呈现数据结果。

9.1.2 案例展示

◎ 统计描述

这里选取的案例是我们于2016年在北京、上海和广州三地开展的关于大学生新闻客户端的使用动机的调查研究。我们通过发放纸质问卷,共成功收集1400多份问卷,并利用SPSS软件随机抽取其中的约35%(513份)。问卷测量了大学生使用新闻客户端的五种动机,它们分别是:了解新闻资讯(如国内外新闻);获取有用信息(如与生活、学习和工作相关的信息);表达个人意见(如对新闻进行评论或反馈意见);社会交往(如接触信息用于和他人沟通交流);消遣娱乐(娱乐消遣或消磨时光)。

数据分析的第一步往往是对问卷的样本分布和关键变量进行基本的描述统计分析。人口统计学变量通常都是定类或定序变量,因此在结果呈现的时候,多以频率/频次和百分比呈现(见表9.1)。如有需要,也可选用图来呈现这些变量的分布情况。如果你想比较不同类别之间的频次,应该选用柱形图(见图9.1)或条形图;如果你想表示组成一系列数据点的项目的比例,可以使用饼图(见图9.2)。

表9.1 新闻客户端用户基本人口信息特征

变量	频次	百分比
性别		
女	257	50.10%
男	256	49.90%
年级		
本科生	407	79.34%
研究生	106	20.66%
专业		
人文社科	253	49.32%
理工科	260	50.68%
每月可支配金额(人民币)		
500元及以下	10	1.95%

续表

变量	频次	百分比
501—1000 元	93	18.13%
1001—1500 元	170	33.14%
1501—2000 元	156	30.41%
2000 元以上	84	16.37%

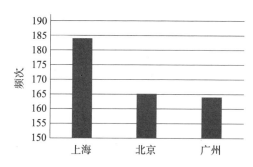

图 9.1 城市人口频次图

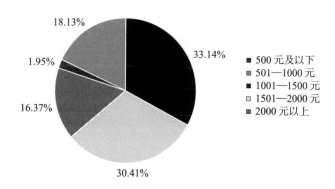

图 9.2 可支配收入分布比例图

另外一类值得关注的是研究中的关键变量，例如这里提到的新闻客户端使用动机。我们采用李克特五级量表测量用户在不同动机方面的强度，这些变量被视为定距变量，因此我们可利用均值和标准差对其进行描述统计，反映它们的集中趋势和离散趋势（见表9.2）。这样，读者就可了解样本的分布情况和关键变量的基本信息。

表 9.2 新闻客户端用户使用动机特征

使用动机	N	均值	标准差
新闻资讯动机	513	1.94	4.12
有用信息动机	513	1.98	4.44
表达意见动机	513	2.45	4.07
社会交往动机	513	1.54	3.02
消遣娱乐动机	513	1.92	4.25

◎独立样本 t 检验

了解了样本的基本分布后,你可能会好奇,这些使用动机在不同的人群(比如男性和女性)之间是否会存在差异。从变量的类别看,检验变量"使用动机"是连续变量,分组变量"性别"是二分定类变量,我们会选择独立样本 t 检验来分析两者的独立性。通常来说,t 检验的结果可以采用文字描述或者柱形图呈现,如果比较的变量较多,例如我们这里有五个变量,那么也可以采用表格汇报(见表9.3)。

表 9.3 不同性别群体的使用动机差异分析

使用动机	女性		男性		t 值
	均值	标准差	均值	标准差	
新闻资讯动机	1.490	3.678	2.383	4.492	−2.462*
有用信息动机	1.300	4.056	2.660	4.711	−3.506***
表达意见动机	2.809	3.931	2.098	4.183	1.985*
社会交往动机	1.685	3.184	1.402	2.849	1.059
消遣娱乐动机	2.300	4.128	1.535	4.334	2.046*

注:*$p<0.05$,***$p<0.001$

可以发现,除了社会交往动机外,男性和女性的几类新闻客户端使用动机均有差异。例如,男性和女性使用新闻客户端的消遣娱乐动机存在显著差异[t(511)=2.046,$p<0.05$],其中男性的消遣娱乐动机(均值M=1.535)要低于女性的娱乐消遣动机(均值M=2.300)。

◎单因素方差分析

除了性别差异，这些使用动机在用户的其他基本特征方面是否会存在差异呢？比如在不同可支配收入的大学生群体之间是否会存在差异？在这种情况下，检验变量"使用动机"是定距变量，而分组变量"不同收入"是类别超过2个的定类变量，我们通常采用单因素方差分析来检验两者的关系。

表9.4 不同收入群体的使用动机差异分析

使用动机		平方和	自由度	均方	F值	显著性
新闻资讯动机	组间	165.455	2	82.727	4.937	0.008
	组内	8545.423	510	16.756		
	总数	8710.878	512			
有用信息动机	组间	161.609	2	80.805	4.143	0.016
	组内	9947.155	510	19.504		
	总数	10108.764	512			
表达意见动机	组间	231.276	2	115.638	7.147	0.001
	组内	8251.897	510	16.18		
	总数	8483.173	512			
社会交往动机	组间	66.178	2	33.089	3.661	0.026
	组内	4609.585	510	9.038		
	总数	4675.763	512			
消遣娱乐动机	组间	53.488	2	26.744	1.487	0.227
	组内	9173.073	510	17.986		
	总数	9226.561	512			

表9.5 不同收入群体的使用动机描述分析

使用动机	1000元及以下		1001—2000元		2000元以上	
	均值	标准差	均值	标准差	均值	标准差
新闻资讯动机	0.913	3.731	2.331	4.266	1.655	3.820
有用信息动机	0.922	4.781	2.138	4.117	2.655	5.038
表达意见动机	1.291	4.079	2.936	4.058	2.012	3.807
社会交往动机	0.859	3.269	1.776	2.920	1.482	3.005
消遣娱乐动机	1.301	3.511	2.126	4.510	1.869	3.966

单因素方差分析通常需要提供两张表格，第一张表格（见表9.4）是单因素方差的检验结果。利用这张表格，我们可以识别F检验结果是否显著。如表9.4结果显示，拥有不同的可支配收入的大学生在新闻资讯动机 [$F(2, 510) = 4.937, p = 0.008$]、有用信息动机 [$F(2, 510) = 4.143, p = 0.016$]、表达意见动机 [$F(2, 510) = 7.147, p = 0.001$]、社会交往动机 [$F(2, 510) = 3.661, p = 0.026$] 上存在差异，但在消遣娱乐动机上没有显著差异 [$F(2, 510) = 1.487, p = 0.227$]。以新闻资讯动机为例，通过事后检验发现，可支配收入在1000—2000元的大学生新闻资讯动机要显著高于可支配收入在1000元以下的学生，而其他组别之间无显著差异。所以这里可以汇报第二张表格（见表9.5），将不同组的具体描述性数值呈现出来，读者就能够更加直观地识别不同组之间的差异。

◎相关分析和回归分析

在社会科学研究中，除了基本的描述分析和差异分析之外，我们也会追问现象背后的原因是什么，比如确定影响某一个行为意愿的相关因素。在这个情况下，采用多元回归分析是不错的选择。这次我们选择的案例是关于网络在线捐赠意愿的研究。我们在2017年初利用问卷法调查了互联网用户的在线捐赠意愿，并随机抽取了约50%的样本（$n=387$），采用扩展后的计划行为理论作为研究模型，在将人口统计学变量作为控制变量的情况下，探索计划行为理论中哪些变量会影响个体的在线捐赠行为意愿。

在汇报回归分析结果之前，我们通常会先汇报自变量之间以及自变量和因变量之间的相关分析结果（见表9.6）。表9.6列出了计划行为理论中的变量与捐赠意愿的相关系数，同时汇报了它们的均值与标准差。值得注意的是，由于相关分析是两两互相分析，数据结果会沿着对角线对称分布，所以在汇报结果时只需要汇报其中的一半。如表9.6所示，大部分变量之间存在显著的相关关系，且相关系数均小于0.7，表示可以将这些自变量同时纳入回归方程中。

表9.6 影响在线捐赠变量间的相关分析

变量	均值	标准差	1	2	3	4	5
1.态度	3.563	0.786	1				
2.感知行为控制	3.684	0.627	0.258**	1			
3.主观规范	3.014	0.759	0.395**	0.036	1		
4.道德规范	2.899	0.839	0.449**	0.002	0.565**	1	
5.行为意向	2.998	0.791	0.478**	0.179**	0.462**	0.576**	1

注：**$p<0.01$

表9.7 在线捐赠意愿的多元回归分析

变量	标准化系数	t值
态度	0.225	4.864***
感知行为控制	0.106	2.581*
主观规范	0.133	2.825**
道德规范	0.415	8.397***
性别[a]	0.024	0.595
年龄	−0.019	−0.374
受教育程度	−0.02	−0.507
可支配收入	0.21	4.201***
宗教信仰[b]	−0.027	−0.687
R^2	0.456	

注：*$p<0.05$，**$p<0.01$，***$p<0.001$；[a]0=女性，1=男性；[b]0=无宗教信仰，1=有宗教信仰

回归的结果如表9.7所示，表格中包含标准化系数和t值，显著性的结果可直接通过在t值右上方标注星号的方式呈现（*表示$p<0.05$；**表示$p<0.01$；***表示$p<0.001$）。研究结果发现，个人态度、感知行为控制、主观规范与道德规范均能够显著影响个体的在线捐赠意愿。除此之外，在控制变量部分，结果还显示，可支配收入对用户的在线捐赠意愿具有正向显著影响，而性别、年龄、受教育程度和宗教信仰均不能有效预测和解释用户的行为意愿。最

后，回归结果还需汇报模型整体的解释力指标——R^2。R^2也被称为决定系数，在统计学中用于表示因变量的变异中可由自变量解释部分所占的比例，可用于判断统计模型的解释力。表9.7显示以上所有的变量总共解释了45.6%的用户在线捐赠行为意愿的方差，具有良好的解释力。

9.2 引文著录规范

9.2.1 引文目的和原则

先给大家分享一个小故事。牛顿有一句名言："如果说我看得比别人更远些，那是因为我站在巨人的肩膀上。"我们经常引用这句话来说明牛顿很谦逊，但研究科学史的学者指出，其实牛顿的这句话是对同时代的科学家胡克的讽刺。胡克和牛顿两人对研究有不同的看法，而且脾气都不太好，所以在书信往来的过程中经常会产生争执。其中的一个争执点在于，胡克抱怨牛顿引用自己的学术成果时不标注来源，没有强调他的学术贡献，牛顿却利用胡克较矮的身材讽刺道：我看得比别人远是因为我站在了巨人的肩膀上。尽管这个故事的真实性还有待考证，但它从另一个侧面反映出，在做学术研究时，规范地引用他人研究成果是非常重要的，在引用他人学术成果时需要标明具体出处。

你可能会问，为什么需要引用他人的文献呢？首先，引用他人文献是对他人研究成果的尊重。试想一下，当你的研究成果被别人引用时，你的内心是不是会有一种成就感和自豪感？其次，引用他人文献有助于自己参与到相关领域的"对话"中，通常我们会引用他人的文献来支撑和发展自己的研究观点。同时，在前人文献基础上提出自己的观点和主张,也会提高论文的说服力和可信度。最后,引用他人文献也为其他研究者提供方便。如果有研究者对你论文中的某个观点很感兴趣,对方也可以通过你所引用的文献找到更多的相关文献,从而促进学术知识的交流和传承。

从学术道德的角度来看,以正确的方式引用他人文献也是为了避免可能存在的剽窃风险。在某些情况下,你可能会因为自身的无知或不小心而面临被指控为剽窃的风险。你需要意识到,以下三种做法是存在剽窃风险的[①]:(1)你采用了某个文献的观点或方法,但没有援引该文献;(2)你使用了某个文献中的原始文字,虽然注明了出处,却没有将这些文字用引号引起来或单独放入一个引用段中;(3)你改述了某个文献中的原始文字,虽然注明了出处,但改述的"幅度"太小,依然可以看出是按照原文逐字逐句改述而来的。

除此之外,有些引用做法虽然并不涉及对他人研究成果的剽窃,但也存在严重的学术道德问题。比如,有些同学可能为了"装点门面",把自己没有阅读过或阅读过但实际上没有参考作用的文献(尤其是知名学者的文献)也列入其中。再如,有些同学在引用文献时断章取义,改变或歪曲所引文献的原貌原义,以便更好地支持自己想要表达的观点或想法。

专栏 9.2 引文、参考文献和注释

> 引文、参考文献和注释是在写作中对他人研究成果借鉴和利用的不同标记方式。这三个术语的区别有时并不那么清晰。由于学界对它们的关系也存在不同的看法,所以这里我们主要根据自己的理解做个简单的区别,希望对你有所帮助。

---

① 杜拉宾. 芝加哥大学论文写作指南:第 8 版[M]. 雷蕾,译. 北京:新华出版社,2015:86.

狭义层面上的"引文"就是"引语",即著者出于论证的需要而引自其他文献的语句或段落。如果著者是直接征引其中的语句或段落,并不加以调整,就是"直引";如果著者按照行文的需要用自己的语言把引用内容的大意表达出来,则是"意引"。广义层面上的"引文"不仅包括引语,而且包括参考文献及其在正文中的标注方式和著录方式等内容。

参考文献是指对一个信息资源(如专著)或其中一部分(如专著章节)进行准确和详细著录的数据,位于文末或文中的信息源。GB/T 7714—2015《信息与文献 参考文献著录规则》把参考文献区分为阅读型参考文献和引文参考文献。前者是指著者为撰写或编辑论著而阅读过的信息资源,或供读者进一步阅读的信息资源,这种参考文献著录在文后、书的各章节后或书末。后者是指著者为撰写或编辑论著而引用的信息资源,这种参考文献既可以集中著录在文后或书末,也可以分散著录在页下端。

注释是用简明的文字来解释和说明作品中特定部分的内容,一般以脚注、尾注或夹注(文中注)的形式出现。从被注释的对象来看,注释一般可分为文献注和非文献注,后者又可细化为题名注、作者注、术语注和论据注等。其中,文献注与前面提到的引文和参考文献就比较类似了。也有学者建议将文献注从注释中剥离出来,这样注释就只剩下非文献注的相关内容了。

9.2.2 参考文献著录标准[①]

关于参考文献著录标准，来自不同学科/领域、国家/地区的研究者在长期的写作和发表历史中，都形成了特定的规范和标准。国际上较为常见的是由美国心理协会编写的《美国心理协会刊物手册》中推出的 APA 格式。虽然 APA 格式最早被用于心理学领域，但目前在其他社会科学领域中也得到广泛应用。另外，由美国芝加哥大学出版社出版发行的《芝加哥大学论文写作指南》（A manual for writers of research papers, theses, and dissertations）也给出了相应的参考文献著录标准。该书作者和出版者的本意就是为研究性论文，本科、硕士及博士学位论文的写作者提供指导。

在国内，GB/T 7714—2015《信息与文献 参考文献著录规则》是由全国信息与文献标准化技术委员会提出并归口的国家标准。该标准规定了各个学科、各种类型信息资源的参考文献的著录内容和格式，以及参考文献在正文中的标注法。目前在不同的高校和不同的学科，参考文献的著录标准尚未有明确统一的规定。换言之，不同的高校和不同学科也许都有自己的推荐标准。为了简化处理，后面我们将以 GB/T 7714—2015《信息与文献 参考文献著录规则》为例介绍具体的做法。

9.2.2.1 两种参考文献标注方法

GB/T 7714—2015《信息与文献 参考文献著录规则》提供两种参考文献标注方法：顺序编码制和著者-出版年制。

当正文中采用顺序编码制对引用的文献进行标注的时候，按正文中引用的文献出现的先后顺序连续编码，并将序号置于方括号

[①] 这里之所以采用"参考文献著录标准"这个标题，是考虑到要跟 GB/T 7714—2015《信息与文献 参考文献著录规则》的题名保持一致，其实也有标准或规范称之为"引文著录标准"。

中。同一处引用多篇文献时，应将各篇文献的序号在方括号内全部列出，各序号间用"，"。如遇到连续序号，起讫序号间用短横线连接。多次引用同一著者的同一文献时，在正文中只标注首次引用的文献序号，并在该序号的"[ ]"外著录引文页码。

与此对应的参考文献表，每条文献的序号都要加方括号，并且该序号要跟正文中出现的序号一一对应。当在正文中多次引用同一著者的同一文献时，由于正文中已著录每次引用的页码，所以参考文献表中不再重复著录该参考文献的页码信息。

当正文引用的文献采用著者–出版年制时，各篇文献的标注内容由著者姓氏与出版年构成，并置于"（ ）"内。如果正文中已提及著者姓名，则在其后的"（ ）"内只需著录出版年。引用多著者文献时，对欧美著者只需标注第一个著者的姓，其后附"et al."；对中国著者应标注第一著者的姓名，其后附"等"字。姓氏与"et al.""等"之间留适当空隙。正文中多次引用同一著者的同一文献时，在正文中标注著者与出版年，并在"（ ）"外以上角标形式标注引文页码。另外，当著录同一著者在同一年出版的多篇文献时，出版年后用小写字母a，b，c…进行区别。

对应的参考文献表首先要按文种（中文、日文、西文、俄文和其他文种）将文献进行集中，然后在每种文种文献内部按著者字顺和出版年排列。中文文献一般按汉语拼音字顺排列。文献前面不需要加序号，但需采用悬挂缩进格式，悬挂缩进2个汉字或4个字符。

专栏9.3 两种参考文献标注法实例①

（1）顺序编码制

·在正文中的标注法

框架效应被广泛地应用于劝服传播的相关研究中，被认为是影响个人决策行为的重要因素[1-4]。所谓框架效应，是指基于对同一决策问题采用等价信息描述的基础上产生不同决策行为的现象[5]。Levin[6]150将框架效应分成三类：风险选择框架、属性框架以及目标框架。其中，目标框架强调做与不做某件事情所导致的结果[7]。目标框架往往分为获益型框架和损失型框架。……该框架常应用于行为劝服领域，而且无论是获益型框架还是损失型框架，其目的都是为了促使某项行为的发生，区别两者只需考虑采用哪一种框架对信息进行表述的劝服能力更强[6]167-168。……由于损失型框架设定的是不行动的消极结果，更容易触发捐助者的同情心和责任感，在该情绪的驱动下，人们会更加积极地施行公益捐赠行为从而防止负面结果的发生[4,8]。

·对应的参考文献表

[1] NAN X, DAILY K, QIN Y. Relative persuasiveness of gain- vs. loss-framed messages: a review of theoretical perspectives and developing an integrative framework[J]. Review of communication, 2018, 18(4): 370-390.

[2] JENSEN J D, RATCLIFF C L, YALE R N, et al. Persuasive impact of loss and gain frames on intentions to exercise: a test

---

① 专栏中的例子节选自李武等人发表于《新闻与传播评论》2018年第5期的论文《框架效应、进展信息对公益众筹意愿的影响》。其中正文内容、参考文献引用和著录根据举例需要略有调整。

of six moderators[J]. Communication monographs, 2018, 85(2): 245-262.

[3] 李晓明, 谭谱. 框架效应的应用研究及其应用技巧[J]. 心理科学进展, 2018, 26(12): 2230-2237.

[4] 谢晔, 周军. 情绪和框架效应对个体捐赠决策影响的实验研究[J]. 心理科学, 2012, 35(4): 951-956.

[5] 刘扬, 孙彦. 行为决策中框架效应研究新思路——从风险决策到跨期决策, 从言语框架到图形框架[J]. 心理科学进展, 2014, 22(8): 1205-1217.

[6] LEVIN I P, SCHNEIDER S L, GAETH G J. All frames are not created equal: a typology and critical analysis of framing effects[J]. Organizational behavior and human decision processes, 1998, 76(2): 149-188.

[7] 陈剑梅, 傅琦. 劝捐策略和框架效应对个体捐赠决策的影响[J]. 心理与行为研究, 2016(3): 377-383.

[8] WEISS J K, COHEN E L. Clicking for change: the role of empathy and negative affect on engagement with a charitable social media campaign[J]. Behaviour & information technology, 2019, 38(12): 1185-1193.

（2）著者-出版年制

· 在正文中的标注法

在针对个人捐赠的研究中, 早期的文献重在探索人口统计学要素和个体经济地位对于捐赠行为的影响（Schlegelmilch et al., 1997）, 之后也有文献从社会心理学的角度探讨个体的心理特征、社会特征、捐赠动机与行为的关系（van der Linden, 2011; Li et al., 2018）。近些年来, 研究者开始关注信息呈现方式对公众捐赠意愿或行为的影响。比如，谢晔等（2012）认为信息框架能够影响公众的捐赠决策，强调受助者的损失境遇可提升他们的捐赠意愿。Das et al.（2008）认为消极信息框架与数据型信息的结合具有更好的筹款效果，而积极信息框架与轶事型信息相结合的筹款效果更佳。

·对应的参考文献表

谢晔，周军，2012.情绪和框架效应对个体捐赠决策影响的实验研究[J].心理科学，35(4)：951-956.

DAS E, KERKHOF P, KUIPER J, et al., 2008. Improving the effectiveness of fundraising messages: the impact of charity goal attainment, message framing, and evidence on persuasion[J]. Journal of applied communication research, 36 (2): 161-175.

LI Y Z, HE T L, SONG Y R, et al., 2018. Factors impacting donors' intention to donate to charitable crowd-funding projects in China: a UTAUT-based model[J]. Information, communication & society, 21 (3): 404-415.

SCHLEGELMILCH B B, LOVE A, DIAMANTOPOULOS A, 1997. Responses to different charity appeals: the impact of donor characteristics on the amount of donations[J]. European journal of marketing, 31 (8): 548-560.

VAN DER LINDEN S, 2011. Charitable intent: a moral or social construct? A revised theory of planned behavior model[J]. Current psychology, 30 (4) : 355-374.

9.2.2.2 各种文献类型的著录格式

不管采用何种格式在正文中标注参考文献以及组织参考文献

表，所涉及的文献类型几乎都是一样的。

在论文写作中，最经常被引用的文献类型包括专著、专著中的析出文献、连续出版物、连续出版物中的析出文献、专利文献和电子文献等。其中，专著是指以单行本或多卷册形式出版的出版物，包括普通图书、古籍、学位论文、会议文集、汇编、标准、报告、多卷书和丛书等。连续出版物是指通常载有年卷期号或年月日顺序号，并计划无限期连续出版发行的出版物，期刊和报纸就是典型的连续出版物。析出文献是指从整个信息资源中析出的具有独立篇名的文献，比如专著或论文集中的某一篇章、期刊或报纸中的某一文章。

当你看到专栏9.3中列出的参考文献表的时候，你可能会好奇这些参考文献是如何著录的。事实上，GB/T 7714—2015《信息与文献 参考文献著录规则》对于各种类型的文献著录格式都有明确的规定（参阅专栏9.4）。凡是标注"任选"字样的著录内容系可选项，其余内容均为必备项。另外，该规则也提供了对应于各种文献类型的标识代码，常用的代码如：M（普通图书）、C（会议录）、D（学位论文）、G（汇编）、J（期刊）、R（报告）、S（标准）、P（专利）。电子资源载体的标识代码如：MT（磁带）、DK（磁盘）、CD（光盘）和OL（联机网络）。

专栏9.4 各种文献类型的著录格式和示例

（1）专著

主要责任者.题名：其他题名信息[文献类型标识（任选）/文献载体标识].其他责任者（任选）.版本项.出版地：出版者，出版年：引文页码[引用日期].获取和访问路径（电子资源必备）.数字对象唯一标识符（电子资源必备）.

示例：

[1] 牟怡. 传播的进化：人工智能将如何重塑人类的交流 [M]. 北京：清华大学出版社, 2017: 10-15.

[2] 勒庞. 乌合之众 [M]. 陆泉枝, 译. 上海：上海译文出版社, 2019: 1-12.

[3] PUTNAM R D. Bowling alone: the collapse and revival of American community[M]. New York: Simon & Schuster, 2000.

[4] 郑素侠. 互联网使用与内地大学生的社会资本：以武汉高校的抽样调查为例 [D]. 武汉：华中科技大学, 2008: 27.

[5] BABU B V, NAGAR A, DEEP K, et al. Proceedings of the Second International Conference on Soft Computing for Problem Solving, December 28-30, 2012 [C].New Delhi: Springer, 2014.

[6] ALPER M. Home screen home: how parents of children with disabilities navigate family media use[D].Los Angeles: University of Southern California, 2015.

（2）专著中的析出文献

析出文献主要责任者. 析出文献题名 [文献类型标识（任选）/ 文献载体标识]. 析出文献其他责任者（任选）// 专著主要责任者. 专著题名：其他题名信息. 版本项. 出版地：出版者, 出版年：析出文献的页码 [引用日期]. 获取和访问路径（电子资源必备）. 数字对象唯一标识符（电子资源必备）.

示例：

[1] 马克思. 政治经济学批判 [M]// 马克思, 恩格斯. 马克思恩格斯全集：第 35 卷. 北京：人民出版社, 2013: 302.

[2] BURKE M, KRAUT R, MARLOW C. Social capital on

Facebook: differentiating uses and users [C]// Proceedings of the SIGCHI Conference on Human Factors in Computing Systems. New York: ACM, 2011: 571-580.

（3）连续出版物

主要责任者.题名：其他题名信息[文献类型标识（任选）/文献载体标识].年，卷（期）-年，卷（期）（任选）.出版地：出版者，出版年[引用日期].获取和访问路径（电子资源必备）.数字对象唯一标识符（电子资源必备）.

示例：

[1] 中国图书馆学会.图书馆学通讯[J].1957(1) -1990(4).北京：北京图书馆，1957-1990.

[2] American Association for the Advancement of Science. Science [J]. 1883, 1(1)-. Washington, D.C.: American Association for the Advancement of Science, 1883-.

（4）连续出版物中的析出文献

析出文献主要责任者.析出文献题名[文献类型标识（任选）/文献载体标识].连续出版物题名：其他题名信息，年，卷（期）：页码[引用日期].获取和访问路径（电子资源必备）.数字对象唯一标识符（电子资源必备）.

示例：

[1] 李晓明，谭谱.框架效应的应用研究及其应用技巧[J].心理科学进展，2018，26(12)：2230-2237.

[2] REINHART A M, MARSHALL H M, FEELEY T H, et al. The persuasive effects of message framing in organ donation: the mediating role of psychological reactance[J]. Communication monographs, 2007,74(2): 229-255.

[3] 董碧水."互联网+"时代青年的责任与机遇[N].中国青年报,2019-10-22(5).

(5) 专利文献

专利申请者或所有者.专利题名:专利号[文献类型标识（任选）/文献载体标识].公告日期或公开日期[引用日期].获取和访问路径（电子资源必备）.数字对象唯一标识符（电子资源必备）.

示例：

[1] 张凯军.轨道火车及高速轨道火车紧急安全制动辅助装置：201220158825.2[P]. 2012-04-05.

[2] TACHIBANA R, SHIMIZU S, KOBAYSHI S, et al. Electronic watermarking method and system: US6915001[P/OL].2005-07-05[2013-11-11]. http://www.google.co.in/patents/US6915001.

(6) 电子资源

凡属电子专著、电子专著中的析出文献、电子连续出版物、电子连续出版物中的析出文献以及电子专利的著录格式均按上述规则处理。除此之外的电子资源的著录格式如下：

主要责任者.题名:其他题名信息[文献类型标识（任选）/文献载体标识].出版地:出版者,出版年:引文页码（更新或修改日期）[引用日期].获取和访问路径.数字对象唯一标识符.

示例：

[1] 张凡.引导政务新媒体规范发展[EB/OL].(2019-06-10)[2020-04-02].http://opinion.people.com.cn/n1/2019/0610/c1003-31126304.html.

[2] Commonwealth Libraries Bureau of Library Development. Pennsylvania Department of Education Office. Pennsylvania

library laws [EB/OL]. [2013-03-24]. http://www.racc.edu/yocum/pdf/PALibrary Laws.pdf.

9.2.3 几个额外的建议

上面我们以 GB/T 7714—2015《信息与文献 参考文献著录规则》为例介绍了两种主要的参考文献标注方法和各种类型文献的著录格式。当然,不同的标准有各自的规则和要求。比如,APA 格式要求使用者在正文中使用著者-出版年制标注所引用的文献,并据此形成参考文献表。同样的,APA 格式对各种文献类型的著录格式也有自己的要求。以期刊论文为例,APA 的规定格式如下:"作者的姓(全称),名字缩写,(年份). 文章题目. 期刊名(斜体),卷号(斜体)(期号),页码. DOI"(示例:Powers, J. M., & Cookson, P. W. (1999). The politics of school choice research. *Educational Policy*, *13*(1), 104-122. doi:10.1177/0895904899131009)。

因此,考虑到今后你可能需要使用不同的参考文献著录标准(比如在学位论文的基础上形成用于投稿的期刊论文或会议论文),在你阅读文献和著录文献的整个过程中,有几个建议分享给你。

第一,在阅读过程中,要随时记录今后要引用的文献的所有信息。通常而言,不管采用何种标准著录参考文献,都需要包括如下信息:文本信息(如题名)、著者信息(如作者)、出版信息(如出版者)和获取信息(如 URL)。尤其是专著的页码,务必在阅读的时候就做好记录,否则后续重新查找甚是费时费力。

第二,手边存有自己经常需要使用的几种参考文献著录标准文档,以便随时查阅。如在著录过程中碰到拿不准的情况,要及时查阅对应的著录规则,以确保所有细节准确无误。比如你的论文要求按照 GB/T 7714—2015《信息与文献 参考文献著录规则》著录参考文献，当你碰到多著者或无著者的情况而不知如何著录时，应该仔细查看该标准的著录细则并据此处理。

第三，适当地借助特定的参考文献管理软件，比如 EndNote 和 NoteExpress。除了具备在线搜索，导出、导入文献，编辑文献等功能，这些软件一般都支持学术界比较常用的参考文献著录标准。你可以根据自己的需要自动生成符合特定著录标准的参考文献。但是需要提醒你的是，为了避免可能因软件操作失误而出现的错误，你最好自己核对一遍自动生成的参考文献及其著录格式。

附录1 论文实例
网络游戏作弊行为及其发生机理的实证研究*

摘　要：本研究借鉴社会认知理论建构了一个网络游戏作弊行为的发生机制模型，并利用结构方程模型对问卷调查所得的数据进行分析，对模型拟合度进行验证和评估。调查结果表明，网络游戏作弊行为同时受到外在和内在因素的影响，具体而言，个体的社会环境（社群影响）、对游戏作弊的产出期望、对游戏作弊的态度以及游戏作弊自我效能感在导致玩家的游戏作弊行为过程中扮演了重要的角色。

关键词：网络游戏；游戏作弊；社会认知理论；社会环境；个人因素

---

* 文章发表在《国际新闻界》2014年第3期。具体的文章格式与著录规范略有调整。

An empirical exploration of online game cheating behavior

Abstract: Drawing upon social cognitive theory, the present study constructed a conceptual model to provide an in-depth understanding of the cheating behavior in online multiplayer games. An online survey approach and structural equation modeling were adopted to investigate the hypothesized relationships and to assess the fitness of the model. The cheating behavior was found to be influenced by both external and self-generated factors. Specifically, individual gamers' social environment (peer influence), evaluation of cheating outcomes, attitude towards game cheating, and game cheating self-efficacy played important roles in shaping this problematic behavior in online games.

Keywords: online game; game cheating; social-cognitive theory; social environment; personal factors

1 引言

游戏作弊与电子游戏相伴而生，互联网技术的普及在促进游戏本身发展的同时也进一步滋生了游戏作弊行为。相对于传统游戏，互联网使身处全球各地的玩家能够基于虚拟世界参与同一个网络游戏（以下简称"网游"），玩家在地理位置分布方面的离散特征加之在虚拟世界中的匿名性在很大程度上提高了游戏作弊的可能性和严重性[1]；同时，网络游戏中黑客软件的数量在过去的几年中急剧上升（2010年的年度增长率为91%），借助这些软件，游戏玩家能够更容易地从其他玩家那里盗取大量的游戏成果。

计算机游戏的作弊现象经常被视为无关紧要的问题[2]。诚然，单人游戏中的作弊行为并不会损害他人的利益,但是网络多人游戏中的作弊行为则不然。首先,网络多人游戏中的作弊行为明显破坏了游戏的"公平原则",损害了其他玩家的利益[3],这种虚拟网络中的利益冲突有时也会导致现实世界中的严重后果。其次,游戏公司会因猖獗的游戏作弊现象而不能吸引新用户甚至会流失现有用户,公司的利益因此受到损害[4]。最后,由于公司和玩家都在网络游戏上付出了大量的时间和精力,网络游戏作弊等同于剥夺了他们的劳动成果,构成了所谓的"道德犯罪"[2];从这个角度来看,目前网游作弊的盛行也已提出了亟待解决的道德和法律问题。

尽管游戏作弊议题开始进入学术的视野,但是相关的研究成果非常有限。目前已有的文献主要聚焦于游戏作弊方法[5-6]及其类别[3]、抵制作弊的途径[7-8]以及作弊动机[9]的研究。这些研究都没有深入阐述网游作弊的社会心理机制。为此,本研究运用社会认知理论[10]构建理论模型,试图寻找造成网游作弊行为的个人因素和环境因素,并阐述动机与行为之间的互相作用机理。在研究方法层面,我们将采用结构方程模型验证我们的假设并评估该理论模型的拟合度。

2 社会认知理论和网络游戏作弊

班杜拉(Albert Bandura)的社会认知理论(SCT)源于社会学习理论,该理论为洞察人类行为的影响因素和作用机理提供了全面的理论框架。根据该理论,人类行为是个体因素、行为和环境相互动态作用的产物[10-11];同时,个人也是能够自我管理、积极主动的生物有机体,不会被动地接受环境和其他外部力量的影响[12];个体认知、间接学习、自我调节、自我反思这些要素在促使人类行为改变过程中发挥了重要的作用[10]。在社会认知理论的基础上，我们提出10个研究假设，旨在阐述网游作弊行为在心理层面的作用机理。下面我们将具体描述这些研究假设及其理论基础。

2.1 社会环境和间接学习

根据社会认知理论，环境是影响个人行为最为关键的因素之一，而社会环境又是这个关键因素的核心内容。个人在受到社会环境的影响后会改变自己的行为，这种影响包括社会规范和在个人直接接触环境中的他人（包括父母、朋友或共同社区成员）行为[10, 13]。社会认知理论的基本观点之一就是，除了通过直接学习之外，个人还可以通过观察他人的行为及其所导致的结果来进行学习，即所谓的"观察学习"（vicarious learning）[10, 12, 14-15]，也可称为"间接学习"；特别是在缺乏被广泛接受的社会标准或与之相抵触的内化标准的情况下，个人更容易受到间接学习的影响[16-17]。就网游作弊现象而言，由于互联网虚拟社区一般尚未建立被普遍接受的社会规范，个人所能"直接接触到的环境"[18]中的他人（比如网游社区中的朋友或同伴）就能够更加容易地影响玩家的行为。如果玩家经常看到身边的朋友或同伴在网游中作弊，他们就很有可能会把这种作弊行为视为一种社区规范，并改变自己原先的行为以适应这种规范。此研究中我们将"社群影响"概念化为"他人游戏作弊的频率"。基于此，我们提出如下假设：

H1. 个人所受的社群影响越大（周边的人在网游中作弊的频率越高），他/她在网游中的作弊频率就越高。

在社会认知理论中，交互决定论（reciprocal determinism）是一个重要的概念。这个概念从环境、个人因素和行为三者之间动态交互作用的角度来解释行为的改变[10]。根据该理论，个人既是环境的产物也是环境的创造者。具体而言，环境可以改变个体的行为，个体的行为反过来又影响其所处环境的某些方面，从而影响此环境中的相关其他个体。而在社会环境中，社会认知理论尤其强调对个人具有重要影响的他人（significant others，我们简称为"重要他人"）如家人和密友的作用，其原因是，由于关系近且交流直接，个人与其身边的重要他人之间能有频繁的互动、反复的观察和深入的学习[12-13]。在第一个假设中，我们认为社群同伴总体（游戏社区中的重要他人以及非重要他人，如不熟悉的对手或伙伴）会对个人的网游作弊行为产生影响；按照社会认知理论，我们认为反方向的作用也存在，也就是说，玩家自己的作弊行为也会影响他/她的游戏同伴，但由于之前所阐述的原因，我们认为这种反作用影响主要表现在与其交往更频繁、关系更亲密的重要他人身上。因此，我们提出如下假设：

H2. 个人在网游中的作弊频率越高，跟他/她关系密切的玩家（重要他人）在网游中的作弊频率也越高。

2.2 个人因素和网游作弊行为

除了社会环境之外，个体因素是社会认知理论中影响行为的另外一个关键因素。众多个体因素都在某种程度上决定个人是否实施某个行为。在这项研究中，我们认为有三类个体因素能够影响网游作弊行为：游戏作弊自我效能感、对游戏作弊的产出期望和对游戏作弊的态度。

2.2.1 自我效能感

自我效能感是社会认知理论的一个核心概念，用于测量个体对实施某一特定行为能力的自我认知。用班杜拉本人的话讲，就是"个人对组织和实施某种行为进而达到期望效果的能力的自我判断"[19]。对于个体行为改变而言，自我效能感是一个非常重要的因素，它在很大程度上影响了个体愿意在某项任务上付出多少努力、面临困难的时候愿意坚持多久。前期研究表明个体的自我效能感和许多在线行为之间都存在显著相关性[20-21]；游戏自我效能感作为自变量或因变量也出现在之前的多项实证研究中[22-23]。在此项研究中，我们将自我效能感运用于游戏作弊这个主题，构建了游戏作弊自我效能感这个变量。我们假设那些自认具备在游戏中作弊能力的个人更有可能真正付诸行动。

H3.个人游戏作弊自我效能感越高，他/她在网游中的作弊频率就越高。

同时，随着游戏作弊次数增多，玩家不断积累经验和技巧，我们判定这种情况下个人对自己在游戏中的作弊能力的自我认知也在不断提高。因此，我们又提出如下假设：

H4.个人在网游中作弊的频率越高，他/她的游戏作弊自我效能感越高。

由于大量的社会性学习都发生在同一社群或环境的成员之间，班杜拉由此认为间接的观察经验对个人的自我效能感的发展会起到非常重要的作用。个体能够通过观察他人的行为以及所产生的结果（成功或失败）来获取知识和技能。实证研究也表明观察性行为会提高个人的自我效能感[24-25]。在网游作弊过程中，玩家可能会通过观察同伴的行为或与他们进行互动交流获取有关游戏作弊的知识和技能，进而提高自己的游戏作弊自我效能感。基于上述考虑，我们假设玩家在网游社区中的同伴对他/她的游戏作弊自我效能感会产生较大的影响。

H5.个人所受的社群影响越大（周边人在网游中作弊的频率越高），他/她的游戏作弊自我效能感越高。

2.2.2 对游戏作弊的产出期望

根据社会认知理论，个体的自我调节功能能调节外界影响并为其行为提供行动基础；而自我调节系统中帮助做判断的一个重要元素就是对行为的评估[26]。个人的这一认知过程是通过"先见"（forethought）来实现的[10]，即：个人会预测特定活动的结果，并愿意开展可能会产生自己想要的结果的那些活动，而不采纳可能会导致负面效果或没有回报价值的活动[27-28]。根据这一理论指导，如果游戏玩家认为作弊行为会给他们带来有价值的结果（比如获得更高的用户级别、虚拟资产、社群声望以及经济利益），他/她就更有可能在网游中作弊。

因此，我们提出假设：

H6. 个人对游戏作弊行为的产出期望越高，他/她在网游中作弊的频率越高。

正如上文所述，个人是部分地通过间接学习来"指导"自我行为的。个人对行为产出的期望在很大程度上源于这种间接学习，也就是源于对所处环境中他人行为及其结果的观察。具体来说，当个人看到他人因某些行为获益或受损后能够自行产生对这些行为的积极或消极的产出期望，进而会判定如果自己采用类似的行为会导致类似的结果；对这项活动的产出期望就成为促进或阻碍这项活动的影响因素。有关这种间接获得的产出期望对于个体行为的效果，前人已有相当多的研究[29-30]。在网游社区中，如果玩家经常看到其他玩家能够成功作弊并"获益匪浅"（没有受到惩罚），就会期待自己作弊之后也能取得类似的效果。因此，我们的下一个假设是：

H7. 个人所受的社群影响越大（周边人在网游中作弊的频率越高），他/她对游戏作弊行为的产出期望越高。

2.2.3 对游戏作弊的态度

根据社会认知理论和计划行为理论[31]，个人对游戏作弊的态度是影响游戏作弊行为的另一个重要可能因素。这两个理论都假定个人对某项行为的态度（赞同或不赞同）会在很大程度上影响个人的行为意愿或实际行为。如果个人认定这一行为是不好或不道德的，就会尽量避免这一行为的发生，力求自己的言行举止符合社群内部规范[16]。基于计划行为理论的实证研究已经证实态度在预测行为意愿或实际行为方面的重要作用[32]。既然理论推断和实证研究都支持两者之间存在重要关系，我们做出了如下假设：

H8.个人对游戏作弊的态度越负面，他/她在网游中作弊的频率就越低。

个人在某些影响下会修正自己的行为规范和态度，其中个人所处的社会环境是影响的主要来源；社会环境通过示范、解说和社会性劝服等方式为个人传递信息并激发个人情绪反应[10]。根据计划行为理论，个人对特定行为的态度的形成部分是基于自己所处的社会环境，尤其是生活中的重要他人[31]；社会认知理论认为社会对某项行为的态度可反映为社会中与自己相关的他人对该项行为的态度和评判[10]。具体到游戏作弊议题，游戏社区中的同伴对作弊行为的采纳与否在某种程度上可以理解为他们（或社会）是否认可这种行为。如果玩家经常看到社群中的他人在游戏中作弊，就可能会认为这种行为是一种普遍存在的社会和群体规范，并认为这种行为是可以接受的，因此，我们假设：

H9.个人所受的社群影响越大（周边人在网游中作弊的频率越高），他/她对游戏作弊的态度越正面。

除了社群影响之外，产出期望对个人态度也具有重要的影响作用。计划行为理论的创始人费斯宾（Fishbein）和阿杰森（Ajzen）[33]

提出了基于价值期望的态度形成模型。根据这个模型，个人对特定行为的态度的形成源于他/她对这些行为的信念，而这些信念又与这些行为可能会产生的结果直接相关。既然行为的结果已经被认定为正面的或负面的，我们就会不自觉地形成对这一行为本身的态度。这也就意味着，我们倾向于赞同那些我们认为会产生良好效果的行为，而对那些我们认为可能会导致不良后果的行为则持负面态度。因此，我们又提出最后一个假设：

H10.个人对游戏作弊行为的产出期望越高，他/她对游戏作弊的态度越正面。

本研究最终构建的概念模型如下图（见图1）所示：

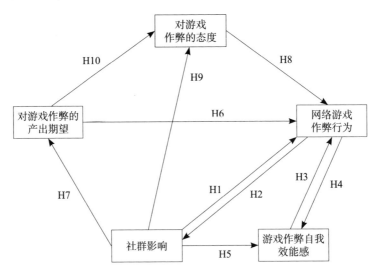

图1 网络游戏作弊的社会认知模型（概念模型）

3 研究方法

3.1 研究对象和步骤

本研究的目标人群是参与网络多人游戏的游戏玩家。采用的主要方法为问卷调查法。关于游戏作弊的相关研究非常少,对于相关概念的测量还缺乏成熟的量表。在这种情况下,有学者建议可以首先利用深度访谈或焦点小组来收集定性数据,然后根据定性数据分析结果确定需要深入探讨的问题并设计基于大样本的调查问卷[34]。因此,本研究采用了三个步骤用于发展和确定量表,并最终利用量表收集数据。首先,根据现有的文献(主要是定性的研究论文)和焦点小组获取的资料构建测量游戏作弊的相关量表(测量本文所构建的理论框架中的5个主要变量)。其次,利用网络问卷调查法对初步形成的量表进行预测试以检验量表的信度和构建效度,通过便利抽样原则获得的63名网游玩家参与了这次预测试。

在根据预测试结果对问卷进行了适当的修改后,本研究在2011年2月到3月期间正式开展了问卷调查。借助新加坡一所大型公立大学的校园邮箱系统,我们发送了一封同时提供英文版问卷和中文版问卷URL链接的电子邮件。同时,我们也把问卷的链接发布在新加坡和中国一些较受欢迎的游戏网站和专业论坛。在问卷的最前面,我们设置一道是非题"你是否玩过网络多人游戏"来过滤不符合研究条件的对象。对于选择"No/没有"的用户,系统直接跳出"thank you/谢谢你"的网页终止本次调查。为了提高网络问卷的回复率,我们承诺将有五位填答者被系统抽中成为幸运者,并为他们提供价值50美元的礼品卡。

3.2 测量

本研究构建的用于研究网游作弊行为的社会认知模型包含5个重要变量:网络游戏作弊行为、社群影响、游戏作弊自我效能感、对游戏作弊的产出期望以及对游戏作弊的态度。为了确保变量的有效性,我们对相关量表的信度和效度都进行了测量。预调查阶段的数据分析表明 3 个变量的信度很好（克朗巴哈系数 α 超过 0.80），并且都负载在同一公共因子上。但是"对游戏作弊的态度"和"网络游戏作弊行为"这两个构念的检测结果欠佳。综合统计数据和理论推演，我们删除了原先测量这两个变量的几个问项，并形成最终的测量量表。正式调查的数据分析表明这五份量表的信度和效度都相当理想。

最终用于"网络游戏作弊行为"的量表由 9 个问项组成（$α=0.89$），填答者被要求汇报他们在网游过程中开展 9 种类型（作弊）行为的频次（以李克特五级量表），这 9 种游戏作弊行为主要改编自 Yan 和兰德尔（Randell）提出的游戏作弊行为分类体系[3]；本研究将填答者在这 9 个问项中的平均得分值计为填答者的游戏作弊频次。"社群影响"量表由 4 个问项组成（$α=0.82$），填答者被要求利用五级量表汇报在网游中作弊的人群规模。这 4 个问项又被区分为两个二级变量：来自重要他人的影响（1 个问项）和来自一般同伴的影响（3 个问项，$α=0.78$）。"游戏作弊自我效能感"量表包含用李克特五级量表的 5 个问项（$α=0.82$）。"对游戏作弊的产出期望"量表由 7 个问项组成（$α=0.87$），这些问项的设置主要参考了孔萨尔沃（Consalvo）[9]通过对网络游戏玩家的定性访谈而作出的对游戏作弊动机的归类。"对游戏作弊的态度"量表则由 3 个问项组成（$α=0.80$），主要参考了安德曼（Anderman）等人[35]制定的课堂作弊态度量表，同时也针对游戏作弊的特殊性增设了相关问项。

4 数据分析及结果

4.1 描述统计分析

问卷发布历时六周，共有 3703 人在线填写了问卷。删除了只是填写部分问项的记录,保留1666份有效记录(每条记录都没有任何缺失值)。本文为了聚焦于华人玩家这一特定群体,又删除了非华人玩家的记录,最终用于数据分析的样本共1458份。

在这1458份有效样本中,男性占主要比例(65.6%);年龄的分布区间为[16, 40],平均年龄为23(SD=5.89)。大多数的填答者是学生(92%),他们的学历分布情况如下:61.9%已经取得或正在攻读学士学位,14.6%已经取得或正在攻读硕士/博士学位,23.5%已经取得或正在攻读两年制的大学文凭或学历教育。

我们利用SPSS17.0做了基本的描述统计分析。1)最为常用的网络游戏平台。大多数玩家选用电脑,只有4.3%的玩家选用手机。其中,在最常使用电脑作为网游平台的人群中,70.6%的玩家选择独立游戏程序,而25%的玩家选择社交网站。2)网络游戏频率。大约16.4%的玩家每天都玩网络游戏,30.7%的玩家的频率为一周数次(见图2)。剩下的53%为一周只玩一次或更少的轻度玩家。3)游戏作弊行为。尽管游戏作弊的平均次数相当低(M=1.54,SD=0.65),但只有24%的玩家从来没有用过本次问卷中提到的任何游戏作弊手段。此结果也与一般人以及定性研究所观察到的网游作弊相当盛行的结论一致。

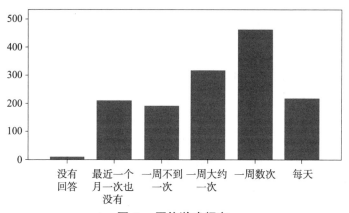

图2　网络游戏频率

尽管游戏作弊相当盛行，但本次的调查数据同样也显示：玩家对作弊行为普遍持否定态度（M=3.64，SD=0.88）。表1提供了5个主要变量之间的双变量相关分析结果。数据分析结果表明这些核心的变量两两之间都存在显著的相关关系。

表1　核心变量之间的相关系数及基本描述统计数据

变量	1	2	3	4	5	Mean	SD
1. 网络游戏作弊行为	1.00					1.54	0.65
2. 社群影响	0.38**	1.00				2.65	0.80
3. 游戏作弊自我效能感	0.32**	0.26**	1.00			2.44	0.86
4. 对游戏作弊的产出期望	0.39**	0.40**	0.22**	1.00		2.95	0.88
5. 对游戏作弊的态度	−0.28**	−0.14**	−0.11**	−0.20**	1.00	3.64	0.88

注：**$p < 0.01$；SD=standard deviation

4.2　结构方程模型

我们利用AMOS18.0进行了结构方程模型分析。问项组合（Items Parceling）是结构方程模型分析过程中将若干个显性变量进行整合并形成新的观测指标的过程，一般由两个或更多的问项组成。研究表明，当问项具有单一维度结构特征的时候，使用问项组合可以使模型的拟合度更好，同时对结构参数的估量也会更准确[36]。因此，在本研究中，在各主要变量问项的单一维度可以确定的情况下，都使用问项组合而非具体单个问项进行方程模型分析。但是出于理论方面的考虑，"社群影响"变量还是被作为由两个构面组成的潜在变量：来自重要他人的影响和来自普通同伴的影响（后者也用了问项组合）。

4.2.1　初始预测模型

图3展示了预测模型中的标准化路径系数。除了假设9之外，其他假设都跟我们的理论模型相符。具体而言，具有显著性的研究发现包括：(a) 社群影响（周边人的作弊行为）对个体网络游戏

作弊行为（$\beta = 0.23, p < 0.001$）（H1）、对游戏作弊的产出期望（$\beta = 0.37, p < 0.001$）（H7），以及游戏作弊自我效能感（$\beta = 0.11, p < 0.01$）（H5）均具有显著正向影响；(b) 游戏作弊自我效能感对网络游戏作弊行为具有显著的但是意料之外的负向影响（$\beta = -0.19, p < 0.05$）（H3）；(c) 网络游戏作弊行为对游戏作弊自我效能感（$\beta = 0.46, p < 0.001$）（H4）和重要他人的游戏作弊行为（$\beta = 0.27, p < 0.001$）（H2）具有显著正向影响；(d) 对游戏作弊的产出期望对网络游戏作弊行为具有显著正向影响（$\beta = 0.30, p < 0.001$）（H6），但对对游戏作弊的（否定）态度具有显著负向影响（$\beta = -0.21, p < 0.001$）（H10）；(e) 对游戏作弊的（否定）态度对网络游戏行为具有显著负向影响（$\beta = -0.23, p < 0.001$）（H8）。但是，研究发现社群影响对对游戏作弊的态度没有预期的显著影响（$\beta = -0.01, p < 0.43$）（H9）。

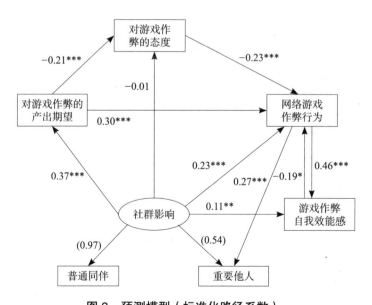

图3　预测模型（标准化路径系数）

注：$*p < 0.05$，$**p < 0.01$，$***p < 0.001$

为确保数据与假设模型相符，模型拟合度指标必须符合相关的规定。通常而言，作为一个拟合度佳的模型，NFI 和 CFI 要大于 0.95；RMSEA 要小于 0.08（较好）或者小于 0.05（很好）；TLI 要大于 0.95。本研究中的预测模型的 CFI 和 NFI 数值均非常理想（都在 0.99 左右），但是其他指标则比较一般，$\chi2\,(3)=21.36$，$p<0.001$，RMSEA=0.07，TLI=0.95。该模型对网络游戏作弊行为的解释量为 16%（$R^2=0.16$）。

4.2.2 修正后的模型

为了提高预测模型的拟合度，我们查看了修正指标。如果增加游戏作弊态度对重要他人作弊行为的影响这条路径，将可以降低 17.02 的卡方值。同时，建议增加的这条路径在理论上来说也是合理的，因为非常符合社会认知理论的基本观点——人类行为是个人因素、环境和行为三者之间互动作用的产物。根据社会认知理论，我们可以推论，如果玩家对网游作弊的态度是负面的，那跟他/她具有亲近关系和频繁互动的重要他人在其影响下也会产生同样否定的态度，从而不太愿意在游戏中作弊。因此，我们采纳了修正指标的建议，在模型中增加了这条路径（见图 4）。

另外，为了实现模型的简洁性要求，我们删除了原始预测模型中没有显著影响的路径——社群影响对游戏作弊态度的影响，并通过卡方差异检验对删除前后的模型做了比较，我们发现删除该路径后模型的卡方值变化并不显著，这说明删除了非显著路径后的模型与未删模型同样理想，但更简洁。因此，我们确定的最终模型如图 4 所示。模型中各变量对网络游戏作弊行为的解释力从原先的 16% 提高至 23%。同时模型的拟合效果也非常理想：$\chi2\,(3)=2.80$，$p=0.42$，RMSEA=0.01，CFI=1.00，NFI=0.998，TLI=0.99。

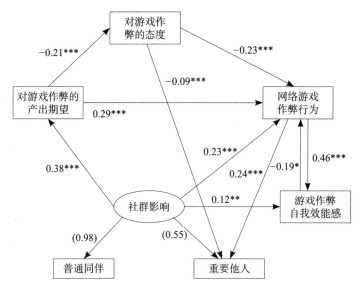

图 4　修正模型（标准化路径系数）

注：*p < 0.05，**p < 0.01，***p < 0.001

5　讨论

本问卷调查结果表明虽然大多数网游玩家对游戏作弊持否定态度，网游作弊本身却是相当普遍的现象。本研究的诸多发现为我们从社会认知理论的视角深入全面洞察网游作弊行为提供了依据。研究发现，网游作弊行为同时受到外在和内在因素的影响。具体而言，个体的社会环境（社群影响）、对游戏作弊的产出期望、对游戏作弊的态度、游戏作弊自我效能感在玩家的游戏作弊行为过程中都扮演了重要的角色。玩家越是经常看到旁人在游戏过程中作弊，自己在游戏过程中作弊的次数也就越多；玩家游戏作弊行为的频率与自身对游戏作弊的产出期望也存在正相关关系；同时，玩家对游戏作弊的态度越是负面，就越不可能在游戏过程中作弊。但是有趣的是，虽然游戏作弊行为对游戏作弊自我效能感存在显著的正向影响，但是后者对前者的影响却是显著负向的，这跟本研究的假设方向刚好相反（留待稍后讨论）。

本研究所构建的理论模型揭示了网游作弊过程中诸多不同因素互相影响的复杂性。与社会认知理论相吻合，我们的研究发现个人因素、社会环境和游戏作弊行为三者之间存在着动态的相互作用关系。首先，研究发现周边游戏者的作弊频次会显著影响玩家对游戏作弊的产出期望：玩家如果经常看到周边人在游戏中作弊，他/她就会倾向于把作弊视为一项有益的行为，这表明玩家在多数情况下看到的都是游戏作弊行为给作弊者带来的正面结果。这也帮助解释了间接学习的作用机制：个体通过观察自己所处环境中的游戏作弊行为及其后果而产生对游戏作弊的正面产出期望，从而促使自己采取相应的行动。其次，研究也表明玩家所处的社群环境会显著影响个体的游戏作弊自我效能感。具体来说，玩家越是经常看到周边人在游戏中作弊，他/她的游戏作弊自我效能感也就越高。这一研究发现是对班杜拉的有力回应，他认为间接学习的经历对个体自我效能感的发展具有强大的影响[18]。再次，研究表明，玩家对游戏作弊的产出期望显著地影响了玩家对游戏作弊的态度：正面有益的产出预期意味着正面的态度，这充分验证了我们根据社会认知理论和计划行为理论推导出来的关于这两者的研究假设。以上因素之间的相互作用也表明：对于网游作弊行为来说，以上诸因素不仅对其有直接影响，更有通过各因素相互介导的间接影响。

然而在所假设的变量的相互关系中，我们发现社会环境影响对玩家对游戏作弊的态度没有显著作用。究其原因，可能性之一是因为本次研究中的"社群影响"变量设计与社会认知理论及计划行为理论中的"社群影响"概念不尽相同。社会认知理论和计划行为理论所强调的对个体行为和态度有影响的是社群中他人对特定行为的反应和判断。而在本次研究中，这个变量测量的是游戏社群中其他玩家的作弊行为，这次的非显著关系结果也许只能说明他人的游戏作弊行为并不能很好地代表他人对这一行为本身的评价和判断。从这个意义上讲，今后的研究应对"社群影响"变量的测量做出相应的调整。可能原因之二，本次研究的非显著结果也许确实表明了社群影响对相关态度变量没有显著作用。社会认知理论和计划行为理论更多的是建立在对传统线下的社会互动和交往的考察基础之上，因此这些理论不一定能解释网络行为（如网游作弊），有关这点也需要在今后的研究中进行进一步的调查。

虽然我们发现社群影响对玩家对游戏作弊的态度没有显著作用，玩家对游戏作弊的态度反过来却对社群中他人的作弊行为有显著影响，然而此影响仅局限于社会环境中的重要他人。尽管在原始的理论模型中我们并没有提出这条路径，但是经过模型修正后添加的这条路径确实有力验证了社会认知理论的基本原则——环境、个人因素和行为之间的动态互动作用机理。可以理解的是，相对于普通游戏同伴，同样是游戏玩家的社会环境中的重要他人更容易受到玩家的影响。关于社群影响和游戏作弊态度的研究发现也表明了内在态度容易影响外在行为，反之则不然。

关于动态互动作用方面，另外一个研究发现是，游戏作弊行为能够显著影响玩家的社群环境。玩家个人的总体社群环境（包括普通同伴和重要他人）能够显著影响他/她的作弊行为，而他/她自己的行为反过来能够显著影响自己所处环境中的重要他人的行为。这一研究发现验证了社会认知理论所主张的交互决定论。由于更为亲密的关系和更为频繁的互动，间接学习在对彼此更为重要的家人、朋友或同伴中间更容易发生，因此，行为对社群环境的反作用能更显著地展现在对自己更重要的他人身上。

最后一个值得讨论并需要给予特别关注的是游戏作弊自我效能感方面的研究发现。尽管研究表明游戏作弊行为能够正向显著影响游戏作弊自我效能感（这与本研究的假设一致），但是玩家的游戏作弊自我效能感却反向显著作用于游戏作弊行为。正如前述，社会认知理论和先前的多项研究都揭示了自我效能感在个人行为改变中存在正向重要作用，所以玩家的游戏作弊自我效能感反向显著作用于游戏作弊行为这一发现出乎本研究意料之外，但也未必不可解释。一个可能且合理的解释是，玩家的游戏作弊自我效能感与游戏技能本身的自我效能感高度正向相关，也就是说，如果玩家认为自己的游戏技能很高，往往也会认为自己游戏作弊的技能很高。因为就网络游戏这个案例来说，玩家对于游戏知识和技能的掌握通常也会包括游戏作弊的知识和技能。而我们也许可猜测那些认为自己游戏技能高的人不太愿意在游戏过程中作弊。结合这两点，或许能够较好地解释本研究这个表面上看来颇为费解的发现。对于这两者之间的有趣关系，今后的研究也可以进一步检验。

6 贡献及不足

本研究利用社会认知理论阐释网游作弊行为，具有三个方面的研究意义。首先，从社会的角度来看，随着宽带网络的发展，网游市场一直处于增长态势[37]，网络游戏日益成为来自不同背景不同年龄段用户使用的大众媒介。尽管人们已经开始关注网络游戏的负面影响（如网络成瘾和网络暴力），大家对于网游作弊这种所谓网络反社会（anti-social）行为却知之甚少，考虑到网游作弊的道德涵义及其对当代社会特别是当今网络一代青少年的潜在影响，这项实证研究具有重要的社会意义，有助于我们更加深入地理解网游作弊行为及其发生机理。其次，从学术的角度来看，这项研究从社会认知的角度充实了对网游作弊行为的现有研究文献。总的来说，本研究的发现结果验证了社会认知理论在这个领域的适用性。研究结果不仅为我们审视网游作弊行为提供了新的视角，同时也丰富了我们对在线行为以及自我效能感相关概念的知识和了解。最后，这项研究对于游戏产业的发展也有一定的借鉴意义。游戏开发者和运营商只有对网游作弊行为有更多的了解才能更好地抵制游戏作弊行为。比如说，本研究发现间接学习能够显著影响个人的游戏作弊行为。基于这一点，游戏运营商可以考虑制定和强化游戏作弊规则，并尽可能地使作弊所导致的严重后果可视化，这样可以警戒其他玩家，使他们远离作弊行为。

当然本项研究也存在诸多不足之处。比如，本次的数据主要来自新加坡的一所公立大学，这也就限制了研究结果的可推广性。今后可以考虑在不同的国家或地区收集数据用以比较不同文化背景下的游戏作弊行为，也可以收集来自非学生群体的数据用来比较学生群体与非学生群体的差异性。另外，本研究所构建理论模型中的自变量只解释了因变量（网游作弊行为）的23%，换言之，还存在其他可能会影响网游作弊行为的因素，如玩家个人特征、道德价值观以及网游社区的团体归属感等；此外，这项研究只考察了游戏作弊自我效能感的作用，而游戏技能（游戏自我效能感）也可能会影响游戏作弊行为。今后的研究可以考察这些变量在网络游戏作弊行为过程中是否也发挥了重要的作用。

参考文献

[1] PARKER J. Cheating by video game participants [OL].[2014-01-01]. http://journals.sfu.ca/loading/index.php/loading/article/viewFile/24/23.

[2] KIMPPA K K, BISSETT A. The ethical significance of cheating in online computer games [J].International review of information ethics, 2005, 4(12): 31-38.

[3] YAN J, RANDELL B. An investigation of cheating in online games [J]. IEEE security and privacy, 2009, 7 (3): 37-44.

[4] DUH H B L, CHEN V H H. Cheating behaviors in online gaming[C]//International conference on online communities and social computing. Springer, Berlin, Heidelberg, 2009: 567-573.

[5] FIELDS D A, KAFAI Y B. "Stealing from grandma" or generating cultural knowledge? Contestations and effects of cheating in a tween virtual world [J]. Games and culture, 2010, 5(1): 64-87.

[6] WEBB S D, SOH S. Cheating in networked computer games: a review[C]// Proceedings of the 2nd international conference on digital interactive media in entertainment and arts. ACM, 2007: 105-112.

[7] BOTVICH D, MCGIBNEY J, OSTAPENKO G, et al. Integrating players, reputation and ranking to manage cheating in MMOGs[C]//Proceedings of the 5th international conference on the foundations of digital games. ACM, 2010: 17-24.

[8] HU J, ZAMBETTA F. Security issues in massive online games[J]. Security and communication networks, 2008, 1(1): 83-92.

[9] CONSALVO M. Cheating: gaining advantage in videogames [M]. Cambridge, Massachusetts: The MIT Press, 2007.

[10] BANDURA A. Social foundations of thought and action: a social cognitive theory [M]. Englewood Cliffs, NJ: Prentice-Hall, 1986.

[11] BANDURA A. Regulation of cognitive processes through perceived self-efficacy[J]. Developmental psychology, 1989, 25(5): 729-735.

[12] BANDURA A. Social cognitive theory of mass communication[G]//BRYANT J, ZILLMAN D. Media effects: advances in theory and research. 2nd ed. Hillsdale, NJ: Lawrence Erlbaum Associates, 2002: 121-153.

[13] BANDURA A. Social cognitive theory and exercise of control over HIV infection [M]// DICLEMENTE R J, PETERSON J L. Preventing AIDS: theories and methods of behavioral interventions. New York: Plenum Press, 1994: 25-59.

[14] ROSENTHAL T L, ZIMMERMAN B J. Social learning and cognition [M].New York: Academic Press, 1978.

[15] STEGMANN K, PILZ F, SIEBECK M, et.al. Vicarious learning during

simulations: is it more effective than hands-on training? [J]. Medical education, 2012, 46(10): 1001-1008.

[16] BANDURA A. Social cognitive theory of moral thought and action[G]// KURTINES W M, GEWIRTZ J L. Handbook of moral behavior and development. Hillsdale, NJ: Lawrence Erlbaum Associates, 1991: 45-103.

[17] SNYDER M, CAMPBELL B H. Self-monitoring: the self in action[M]// SULS J. Psychological perspectives on the self. Hillsdale, NJ: Lawrence Erlbaum Associates, 1982: 185-207.

[18] BANDURA A. Social cognitive theory[C]//VASTA R. Annals of child development. Greenwich, CT: Jai Press LTD, 1989: 1-60.

[19] BANDURA A. Self-efficacy: the exercise of control [M]. New York: Freeman, 1997.

[20] COMPEAU D R, HIGGINS C A. Computer self-efficacy: development of a measure and initial test [J]. MIS Quarterly, 1995, 19(2): 189-211.

[21] LAROSE R, RIFON N J. Promoting i-safety: effects of privacy warnings and privacy-seals on risk assessment and online privacy behavior [J]. Journal of consumer affairs, 2007, 41(1): 127-149.

[22] PENG W. The mediational role of identification in the relationship between experience mode and self-efficacy: enactive role-playing versus passive observation [J]. Cyberpsychology & behavior, 2008, 11(6): 649-652.

[23] TAMBORINI R, BOWMAN N D, EDEN A, et.al. Defining media enjoyment as the satisfaction of intrinsic needs [J]. Journal of Communication, 2010, 60(4): 758-777.

[24] GIST M E. The influence of training method on self-efficacy and idea generation among managers [J]. Personal psychology, 1989, 42(4): 787-805.

[25] SCHUNK D H, MULLEN C A. Self-efficacy as an engaged learner[M]// CHRISTENSON S L, RESCHLY A L, WYLIE C. Handbook of research on student engagement. New York: Springer, 2012: 219-235.

[26] BANDURA A. Social cognitive theory of self-regulation [J].Organizational behavior and human decision processes, 1991, 50(2): 248-287.

[27] BANDURA A. On the functional properties of perceived self-efficacy revisited [J]. Journal of management, 2012, 38(1): 9-44.

[28] LEE D, KIM H S, KIM J K. The role of self-construal in consumers' electronic

word of mouth (eWOM) in social networking sites: a social cognitive approach [J]. computers in human behavior, 2012, 28(3): 1054-1062.

[29] CHUNG H L, PROBERT S. Civic engagement in relation to outcome expectations among African American young adults [J].Journal of applied developmental psychology, 2011, 32(4): 227-234.

[30] PAIK H, COMSTOCK G. The effects of television violence on antisocial behavior: a meta-analysis [J]. Communication research, 1994, 21(4): 516-546.

[31] AJZEN I. The theory of Planned Behavior [J]. Organizational behavior and human decision processes, 1991, 50 (2): 179-211.

[32] BRANN M, SUTTON M L. The theory of planned behavior and college students' willingness to talk about smoking-related behaviors [J]. Communication research reports, 2009, 26(3): 198-207.

[33] FISHBEIN M, AJZEN I. Belief, attitude, intention, and behavior: an introduction to theory and research [M]. Reading, MA: Addison-Wesley, 1975.

[34] TASHAKKORI A, TEDDLIE C, TEDDLIE C B. Mixed methodology: combining qualitative and quantitative approaches [M]. Thousand Oaks: Sage, 1998.

[35] ANDERMAN E M, GRIESINGER T, WESTERFIELD G. Motivation and cheating during early adolescence [J]. Journal of educational psychology, 1998, 90(1): 84-93.

[36] BANDALOS D.The effects of item parceling on goodness-of-fit and parameter estimate bias in structural equation modeling [J]. Structural equation modeling, 2002, 9(1): 78-102.

[37] Entertainment Software Association. Essential facts about the computer and video game industry [OL].[2011-07-26].http://www.theesa.com/facts/pdfs/ESA_EF_2011.pdf.

附录2
行百里者半九十：关于论文答辩的建议

不同于考试，学位论文的写作还需要经过答辩。学位论文不是我们自娱自乐的产物，当你花费了大量的心血把自己的研究撰写成文之后，一定希望别人理解并认可你的研究成果。在答辩过程中，主要目的就是赢得答辩组的老师及专家的肯定。答辩老师拥有专业的研究知识和丰富的指导经验，不仅能够从宏观上帮你把控选题的意义和可行性，而且还可以指出你论文中的细节错误。

行百里者半九十，答辩的顺利通过才意味着你学位论文的顺利完成。在这里，我们为你提供了一些关于答辩的信息以及答辩建议，希望对你有所帮助。

1 熟悉不同类型的答辩

在撰写学位论文的整个过程中，你可能需要参加数次答辩，这些答辩将学位论文写作的过程划分为不同的阶段，这也意味着不同阶段的答辩有不同的侧重点。我们将对开题答辩、预答辩以及正式答辩这三种最常见的答辩类型进行介绍。由于有些答辩内容会同时出现在这三个阶段，因此对于同样的内容，我们在前面的阶段介绍过之后，后面就不再赘述了。

1.1 开题答辩

在确定了研究选题、完成文献梳理之后，你需要撰写开题报告并参加开题答辩。开题报告是学位论文的"蓝图"，而开题答辩就是将这张蓝图展示给答辩老师的过程。

一般而言，开题答辩的专家会由3~5位相关学科的老师组成。顾名思义，答辩由"答"和"辩"两个部分组成。首先是自我报告，你介绍自己的课题设想；然后是和老师的互动过程，老师提问，你来回应。开题答辩的结果一般分为"小改""大改"或"不通过"。

在自我报告部分，我们的建议是将陈述的重点放在选题上。开题答辩的重心无疑是"开题"，老师们主要是评判你的研究选题是否有意义，是否具有可行性。在开题环节，汇报的重点有三个：研究内容、文献综述和研究意义。除此之外，还需简要地介绍研究的可行性、拟采用的方法以及进度安排等其他信息。

对于研究内容的介绍，你可以以生动有趣的方式让答辩老师快速"进入"你的研究议题。例如，一位以"智能助手"为研究主题的同学在开题答辩的开始是这样介绍的："不知道各位老师是否经常和'Siri'聊天？有时候我喜欢问它一些有趣的问题，它对我来说不只是手机的智能语音助手，而像是有生命一般，我的研究便与此有关。"随后，你就可以用简洁的陈述亮出自己的研究问题。曾有不少老师对学生提出这样的要求：用一句话表达清楚自己的研究问题。这看似夸张的苛求，其实启示我们应当对自己的研究问题有明确的认知和精准的表达。比如，前面例子中的同学就把自己的研究问题表述为：在人机交流中，有哪些因素会影响用户对机器的拟人度感知？

对于研究综述的论述，你需要让答辩老师知道当前该研究议题的研究现状以及你的研究跟当前研究的关联。我们在第4章介绍了两个主要的调研过程："泛调研"和"精调研"，前者通过梳理目前有关该议题的研究不足来帮助你把研究议题转换为具体的问题，后者则通过相关理论和文献的整合来帮助你提出研究问题或研究假设。我们在第8章也提供了文献综述的撰写建议。当你用口头方式去陈述这个部分的时候，主要就是介绍带有"评论性"的内容，比如对于当前研究缺陷的认识，本研究的理论基础以及这些理论与研究问题或研究假设的关联。千万不要陷入对具体文献的详细介绍中，这种做法非常费时，也容易让答辩老师抓不住重点。

论述研究意义的目标在于，你要成功地说服答辩老师你的研究是值得开展的。建议按照"先学术后实践"的顺序来阐述研究意义，先详细论述学术价值，再补充实践价值，即说明该研究所具有的指导作用。就学术意义而言，在你做完非常详实的文献综述之后，你论文的学术意义就会自然而然地浮现出来。因为你是立足于既有脉络来展开你的研究，它当然能够进一步延展和丰富现有的研究结论。就实践意义而言，可以从启示和对策两方面着手，根据你的研究结论，叙述其对现实的贡献以及相关建议。对于专业硕士学位论文，可根据实际情况对实践意义展开更详细的论述。

阐述研究方法和研究进度，归根结底是要让答辩老师认识到你的研究具有"可行性"。在开题答辩中，我们不需要非常详细地描述研究方法的细枝末节，但还是需要指出采用哪种研究方法可能是更适合的，并介绍初步的研究流程，帮助答辩老师判断研究设计是否合理。研究进度的安排可以参考第2章，让他们相信你会如期完成论文。

以上是我们提供的一些关于开题答辩的技巧。除了这几部分之外，你也可以根据自己的实际情况补充其他信息，比如已有的研究成果和研究经验（如已发表的相关论文、参与的相关项目等）。良好的开端是成功的一半，开题答辩顺利通过之后，你便可以正式去实现自己的研究"蓝图"了。就像工程建设取得了开工许可证一样，之后就可以投入实际建设了。

专栏 开题答辩中老师一般问什么问题

> 万事开头难，你可能会对开题答辩非常焦虑，而这份焦虑很大程度上来源于答辩老师提问的不确定性和不可控性。这里我们提供一份答辩老师在开题中经常会提问的问题列表，供你参考。
>
> - 你想要回答什么问题？
> - 你的研究有什么意义？
> - 论文中的核心概念和理论依据是什么？
> - 之前是否有人做过类似的研究？你跟他们的最大不同是什么？
> - 你目前想采用的方法是否是最合适的？是否具有可操作性？
> - 你预期的研究结果是什么样的？
> ……

1.2 预答辩

一般在正式答辩的一个半月至两个月前，院系会安排"预答辩"。在开题答辩中，老师们是对你的研究选题进行把关；在预答辩中，老师们则是对你的论文质量进行把关，提出存在的问题，给出修改意见，为后续的"盲审"及正式答辩做好准备。

因此，在预答辩中，你的陈述重点已经不再是说明研究意义，而是向答辩老师完整地汇报你的论文。在得到研究结果之后，通常需要对文献综述进行一定的调整，使之更加完善。因此，虽然在开题答辩中你已经较为详细地介绍了文献综述，在预答辩中仍然要对其进行简要陈述。

在开题答辩中，一般不会对研究方法进行特别具体的介绍；但在预答辩中，答辩老师通常希望你较为完整地交代研究设计的详细情况，并可能会咨询某些细节问题，以更好地判断研究结果的可靠性。对于问卷法，答辩老师通常会关注样本代表性、量表的信效度、数据分析的正确性等；对于实验法，老师们会关注刺激材料设计和操纵检验结果等；对于内容分析法，老师们则会询问你的编码表以及编码信度等。但不管你利用何种方法，你都可以从数据收集和数据分析两个方面阐述，关于这些问题的具体做法在本书的第6章和第7章有详细的介绍。

最后，你需要汇报研究结果并对结果进行解读和讨论。在陈述的时候，要用简洁的语言对研究结果进行总结式的介绍，如果时间不允许，建议重点汇报最重要的结果或最有趣的结果。通常来说，跟研究假设不一致的发现往往会引起答辩老师的兴趣，你需要对此给出可能的解释。

再次提醒你，预答辩的目的是"查漏补缺"。所以在预答辩的最后，你也可以就自己拿捏不准的地方主动咨询老师。与其在正式答辩的时候出现问题，还不如在这个时候先处理好。

1.3 正式答辩

正式答辩将呈现你学位论文的最终成果，让老师判断你是否达到了获得学位的要求。首先需要强调的是，在进入正式答辩现场之前，务必确保论文的规范性，包括结构规范、行文规范、图表制作规范、引文著录规范等。大多数老师在拿到你的论文之后，都会先快速浏览全文，如果他们发现你的论文在规范性上有问题，很容易对论文产生不好的印象。

在陈述方面，为了能够在正式答辩中拥有更好的表现，我们需要讲究一定的策略。总的来说，你需要清晰地向答辩老师阐述你用什么方法研究了什么问题，得到了什么结论，具有什么意义。由于预答辩时已经比较详细地介绍了研究方法，正式答辩的重点可放在研究结论和研究意义方面。通过向答辩老师展示研究结论来进一步阐述研究意义，这也与开题答辩形成很好的呼应。不同于开题答辩和预答辩，正式答辩的时候，院系也许还会邀请一到两位业界专家，跟学术专家共同组成答辩委员会。所以，你也需要适当强调研究的实践价值，尤其是专业硕士学位论文，更需如此。

此外，也是比较重要的是，你最后需要指出研究的不足。与其有可能陷入被答辩老师盘问的局面，不如自己"主动"交代一些研究缺陷。这样做的另外一个好处就是，让老师们知道你对自己的研究具有反思和自省意识；当然，如果你还能提出一些未来的研究计划，那就更好了。

2 答辩中的技巧

2.1 如何制作演示文稿（PPT）

不论是参加哪种类型的答辩，使用适宜的PPT将会为你"增光添彩"。如何正确地制作和使用答辩PPT是一门学问，我们在这里向你提供一些建议。

答辩 PPT 的风格应当简明大方，可选择学校或院系的标准模板，背景尽量不要使用亮度过高和对比度较低的颜色，建议使用白色或浅灰色。不要随意添加动画效果，如确实有必要添加，也请不要过分花哨，添加简单的入场效果即可。在字体设置方面，建议汉字使用较为常见的宋体、楷体或微软雅黑等，英文使用 Times New Roman。在字号设置方面，所选字号要保证老师能清楚阅读，有条件的同学可以提前前往答辩地点调试，选择更为合适的字号，因为现场的效果可能与制作 PPT 时面对电脑屏幕时的视觉感受存在差异。

PPT 首页需要展示论文的题名、个人和导师信息，次页可提供一份展示 PPT 结构的目录。在正文部分，要避免大段地复制、粘贴论文内容，应当将框架和关键句展示在 PPT 中。请记住，PPT 上的内容是骨骼，而具体的血肉存在于你的讲述之中。因此，PPT 的页数不要太多，页数过多反而显得结构不够清晰，重点不太突出，也不利于自己对时间的把握。对于一些比较重要的或者容易被老师提问的内容，你可以把它们附在致谢页之后，如果老师们刚好问到这些地方，你再将这几页展示出来。

在制作好 PPT 之后，你需要多练习几遍，将其深深地印在自己的脑海里，防止在答辩时出现磕绊的情况。保险起见，你可以将 PPT 同时转换为一份 PDF 格式的文件，以应对格式不兼容的情况。

2.2 如何做口头陈述

在答辩的演讲方面，需要注意答辩时间、答辩时的眼神以及肢体动作。这些方面都会影响老师对你的观感，进而影响你的答辩成绩。

答辩都有严格的时间限制，你需要在规定的时间内完成陈述。你可以从时间分配和语速控制两个方面控制好时间。你可以提前分配好每个内容模块所需的时间。在语速方面，以中等语速为佳。部分同学的语速可能比较慢，这就需要多加练习来加快语速；而更多的情况下，许多同学在答辩时可能因紧张而语速越来越快，到后面甚至很难让听众听清内容。这非常影响答辩的效果，因此在讲述时我们可以不断提醒自己保持稳定的语速。

答辩中的眼神和肢体语言也不容忽视。在进入答辩室向各位老师问候的时候，你可以先目光朝向中央，再缓慢地环视各位老师。而在具体讲述论文的时候，无论是否脱稿，都可以时不时把目光投向各位老师，这是一种可以迅速捕捉老师反馈的技巧。当然，如果你是一个非常内向和害羞的人，一个小诀窍是盯着老师的鼻梁或下颌，这样既可以避免与老师正面对视而引发紧张情绪，也可以让老师们认为你是在对着他们讲述。另外，你可以适当调动自己的体态，如借助手势进行表达，这也会让你显得更加自然。答辩前，你可以请一位同学模仿答辩老师，然后对着他（她）进行练习。

2.3 如何回应答辩老师的问题

不少同学答辩时最大的恐慌源于答辩老师提问的不确定性，担心自己的研究会被答辩老师质疑，担心无法回答出他们的问题。其实，答辩老师并不是你的敌人，他们绝对不是抱着刁难的目的来听你的讲述，也很少有老师会"鸡蛋里挑骨头"，他们提出所有质疑的出发点都是帮助你顺利完成符合要求的学位论文。因此，你要调整好心态，抱着发现问题、完善论文的心态前往答辩。

在心态调整好后，你也可以了解一些和答辩老师交流的技巧，并且知晓如何回应老师指出的问题。老师提出疑问之后，你可以稍微停顿一下，利用这个时间在脑海中确认老师提出的问题，并尝试组织好回答的语言。这种做法可以帮助你更有自信地表达，也能让答辩老师认为你是经过思考才回应的。对于确实不懂的问题，表达"对不起"或"不清楚"，远远比自己猜测要好。如果老师们给出了中肯或关键的建议，你可以向老师表示感谢，可以这样表达："这确实是我目前论文中有遗漏的方面，我会在修改中尽量注意，非常感谢您的建议！"

另外，在和答辩老师交流的过程中，切忌言语上的冲突和态度上的强硬。即使答辩现场老师误解了你汇报的内容，你也可在后续的修改说明中进行详细解释。如果现场表现得较为"坚持"，难免会引起老师的反感，反而不利于问题的解决。

2.4 如何缓解焦虑情绪

正如我们在本书最开始所说的：学位论文远没有你想象的那么可怕，同样，答辩也并没有那么可怕！还是那句话，答辩（尤其是开题答辩和预答辩）的目的是让老师们帮你把关，而非故意为难你。

当然，如果你容易焦虑，也可以适当采取一些必要的措施，让你在答辩现场看起来是"轻松自如"的。心理学家发现，即使是再善于雄辩的演说家，他们在演讲时还是会紧张，但是他们高超熟练的技巧可以使他们做到完全不让听众察觉出他们的焦虑。你可以在进入答辩现场前深呼吸，调整自己的节奏；同时，想象自己是在海滩或者山坡上，把答辩想象成冲浪或者爬山这样具象化的事物；如果你实在紧张，那么就要有意控制，尽量避免出现摇晃、颤抖、手背后、面色苍白、脸红、咳嗽的行为。

最后，你需要避免两种极端心态：一种是觉得"自己的答辩一定会糟透了",另一种是希望"在所有场合都完美地表现自己"。这两种想法其实都和现实的答辩状况相去甚远,只会徒增你的焦虑。在确保一切准备工作都没有问题的前提下,不妨在答辩前运动一下,身体锻炼可使思维更加敏锐,也能让你更加放松。

当你顺利毕业,再回顾准备答辩时候的自己,不论胸有成竹、忐忑不安抑或顺其自然,这些都将成为你学习阶段尾期难忘的回忆。进入答辩室,你是在对自己的学习时光做一个提纲挈领的铺陈;走出答辩室,你将迈向新的阶段,开启新的人生篇章。相信你可以为自己的学位论文答辩画上一个圆满的句号!

参考文献

[1] 巴比.社会研究方法：第十一版[M].邱泽奇,译.北京：华夏出版社,2009.

[2] 伯恩斯,布什.营销调研：第7版[M].于洪彦,金钰,译.北京：中国人民大学出版社,2015.

[3] 陈向明.质的研究方法与社会科学研究[M].北京：教育科学出版社,2000.

[4] 杜拉宾.芝加哥大学论文写作指南：第8版[M].雷蕾,译.北京：新华出版社,2015.

[5] 格雷维特,瓦尔诺.行为科学统计精要：第8版[M].刘红云,骆方,译.北京：中国人民大学出版社,2016.

[6] 胡传鹏,王非,过继成思,等.心理学研究中的可重复性问题：从危机到契机[J].心理科学进展,2016,24(9).

[7] 基顿,邓建国,张国良.传播研究方法[M].上海：复旦大学出版社,2009.

[8] 坎特威茨,罗迪格,埃尔姆斯.实验心理学：第九版[M].郭秀艳,等译.上海：华东师范大学出版社,2010.

[9] 柯惠新,祝建华,孙江华.传播统计学[M].北京：北京广播学院出版社,2003.

[10] 科恩,福斯特.学位论文全程指南：心理学及相关领域[M].张明,等译.重庆：重庆大学出版社,2011.

[11] 克雷斯威尔.研究设计与写作指导[M].崔延强,译.重庆：重庆大学出版社,2007.

[12] 库兹奈特.如何研究网络人群和社区：网络民族志方法实践指导[M].叶韦明,译.重庆：重庆大学出版社,2016.

[13] 里豪克斯,拉金,QCA设计原理与应用：超越定性与定量研究的新方法[M].杜运周,李永发,等译.北京：机械工业出版社,2017.

[14] 刘军.整体网分析：UCINET软件实用指南[M].2版.上海：格致出版社，2014.

[15] 鲁宾，帕尔姆格林，西弗尔.传播研究量表手册Ⅰ[M].邓建国，译.上海：复旦大学出版社，2017.

[16] 美国心理协会.APA格式：国际社会科学学术写作规范手册[M].席仲恩，译.重庆：重庆大学出版社，2011.

[17] 默里，穆尔.学术写作手册：一种新方法[M].谢爱磊，译.上海：上海教育出版社，2011.

[18] 彭玉生."洋八股"与社会科学规范[J].社会学研究，2010，25(2)：180-210.

[19] 彭增军.媒介内容分析法[M].北京：中国人民大学出版社，2012.

[20] 萨尔加尼克.计算社会学：数据时代的社会研究[M].赵红梅，赵婷，译.北京：中信出版集团，2019.

[21] 萨尔金德.爱上统计学[M].史玲玲，译.2版.重庆：重庆大学出版社，2011.

[22] 维曼，多米尼克.大众媒介研究导论：第七版[M].金兼斌，陈可，郭栋梁，等译.北京：清华大学出版社，2005.

[23] 吴明隆.问卷统计分析实务：SPSS操作与应用[M].重庆：重庆大学出版社，2010.

[24] 肖珑.数字信息资源的检索与利用[M].2版.北京：北京大学出版社，2013.

[25] 杨玉圣，张保生.学术规范导论[M].北京：高等教育出版社，2004.

[26] 叶继元，等.学术规范通论[M].2版.上海：华东师范大学出版社，2017.

[27] 殷.案例研究：设计与方法[M].周海涛，李永贤，李虔，译.2版.重庆：重庆大学出版社，2010.

[28] 袁方.社会研究方法教程[M].北京：北京大学出版社，2013.

[29] 曾秀芹，张楠.新闻传播统计学基础[M].福建：厦门大学出版社，2015.

[30] American Psychological Association. Publication manual of the American Psychological Association[M]. 6th ed. Washington, DC, 2010.

[31] APPELBAUM M, COOPER H, KLINE R B, et al.Journal article reporting standards for quantitative research in psychology: the APA publications and communication board task force report[J]. American psychologist, 2018, 73(1): 3-25.

[32] BARNEY J. Editor's comments: positioning a theory paper for publication[J]. Academy of management review, 2018: 345-348.

[33] GRANT A M, POLLOCK T G. Publishing in AMJ—Part 3: Setting the hook[J]. Academy of management review, 2011: 873-879.

[34] WEBSTER J, WATSON R T. Analyzing the past to prepare for the future: writing a literature review[J]. MIS quarterly, 2002: xiii-xxiii.

后　记

　　本书的第二版终于要与你见面了。早在2015年前后，原先的责编——泮颖雯女士——就多次邀请我撰写修订版。原来本书自2009年出版以来，多次印刷，多次售罄，成为意想不到的"常销书"。但是，我一直没有答应下来。我的博士生导师——北京大学肖东发教授——在2008年年底邀请我一同撰写书稿的时候，我正在撰写自己的博士论文，时间非常紧张，加之水平实在不够，对自己提交的初稿并不满意。好在肖老师进行了大量的补充和修订，使书稿得以顺利出版。但毕竟过去了这么多年，书稿中的大多数内容都已经陈旧，修订起来，谈何容易！

　　2017年，泮女士再次邀请我修订书稿，这次我答应了。促成我下定决心修订书稿的原因，就是肖老师在2016年的意外离世。肖老师是我最敬重的师长，他是国内研究编辑出版（尤其是出版史）的权威学者，在出版业界也享有崇高的地位。虽然由于个人研究兴趣的缘故，我并没有跟随肖老师从事出版史的研究，但他的为人和治学理念都对我产生了很大的影响。在为人方面,他经常教导我们要"大着肚皮容物,立定脚跟做人";在治学方面,他经常鞭策我们"文章成系列,著作集大成"。虽然肖老师已经离世了,但跟他相处的许多场景仍然时不时浮现在我的眼前。所以,我想选择以继续合著图书的方式来表达我对他的怀念之情。

与出版社签订合同之后,我仔细翻看了第 1 版,发觉不仅内容陈旧,而且结构存在缺陷,于是决定"与其修订,不如重写"。由于教学和科研任务繁重,我邀请了四位研究生——毛远逸、胡泊、艾鹏亚和王海潮——共同参与这项任务。他们的参与方式大体可以分为两类:(1)把我上课的内容记录下来,形成初稿,然后交我修订成稿。第 4 章、第 5 章、第 6 章、第 7 章和第 8 章遵循的是这种方式。(2)跟我讨论确定好章节大纲和写作内容,撰写初稿,然后交我修订成稿。第 1 章、第 2 章、第 3 章、第 9 章和附录 2 遵循的是这种方式。

毛远逸参与的章节包括第 3 章、第 4 章、第 6 章、第 8 章和第 9 章,由于他的工作量较多,我把他列为封面作者之一。我想这也是一种师承关系的体现,当年肖老师带着我,现在我带着他,期待将来他也带着他的学生一起写书、出书。远逸是一位认真勤奋的学生,具有很好的学术研究潜力,相信他以后一定能够做得到。胡泊参与的章节包括第 1 章、第 2 章和附录 2。胡泊的文笔不错,这版的每个章节都有一个颇具吸引力的标题,其中不少是他的"点子"。艾鹏亚参与的是第 7 章,同时通读了各个章节的初稿。鹏亚本科在上海交通大学学的是数学金融专业,具备扎实的数理统计基础,而且勤于思考和提问。王海潮参与的是 5 章,他拥有社会学背景,具有宽阔的研究视野,对各类方法也都有所了解。肖老师当年总是对我们说,"得天下英才而教之,三乐也!"我现在也体会到了他的这种快乐了。虽然学生撰写的稿子经常被我改得"面目全非",但有时也能给我很好的灵感和启发,真是教学相长!

接下来说说书稿本身。虽然这是一本学位论文写作指南的小册子,并不是严格意义上的学术专著,但完成之后,我似乎也是对自己过去的学习做了一个总结。很惭愧,在北大攻读硕士和博士学位的时候,我并没有系统地学习过实证研究方法。接触量化研究方法是因为撰写博士论文的需要,"临阵磨枪",边学边做。到了上海交大之后,通过自己写论文、指导学生写论文和开设相关课程,我开始一点点熟悉量化研究方法,尤其是问卷法。这一点也给本书打上深刻的"烙印"——在介绍有些内容时可能显得不那么"系统专业",但不少都是我个人摸索的经验总结。比如,将科学抽样、精确测量和数据分析总结为规范开展调查研究的"三驾马车",将文献调研区分为"泛调研"和"精调研",把选择量表的优先顺序提炼为"3D原则",等等。希望这些经验总结能对你有所帮助!

当然,由于我个人研究旨趣和能力的局限,本书主要以问卷法为例。事实上,问卷法只是众多实证方法中的一种,而实证范式又只是众多研究范式中的一种。我多次向自己的学生推荐阅读《人类简史:从动物到上帝》中的一个章节——《从此过着幸福快乐的日子》。若要了解不同学科如何回答问题,阅读这个章节实在大有裨益。"横看成岭侧成峰",你所看到的风景往往是由你的观察视角和方法决定的。同样的道理,研究结论在很大程度上也取决于研究者所采用的研究视角和方法。因此,我经常告诫自己和学生,一方面要精通一两种研究方法,另一方面也需要开阔视野。近些年来,我也确实越来越意识到利用单一的问卷法在研究方面显得"捉襟见肘"。由于存在"先天"的问题(如无法真正探究变量的因果关系),以及随着大数据发展而日益"暴露"的问题(如采用被试自我汇报的方式可能会导致汇报内容的不真实性，且由于受到各个方面的限制通常无法获取非常大量的样本），问卷法在当下面临着巨大的挑战。我本人也开始深入地学习实验法等其他方法并尝试采取混合路径进行研究。因此，尽管本书是以问卷法为例进行相关介绍的，但我们并不希望因此限制了你的视野。

  最后，我还要向对本书写作给予直接或间接帮助的家人、同事和朋友表示感谢。我的太太吴圆圆女士一直支持我的工作和写作，是我强大的后盾。我的同事吴月华博士在研究方面给了我很多帮助，本书第 8 章所援引的论文实例就是我们合作的成果。我的美籍同事 Kanni Huang 博士深谙社会统计知识，她帮我通读了本书的第 6 章和第 7 章。另外，本书的新责编——张亚如女士——也为本书的顺利出版花费了不少的心血，在此一并感谢！

李　武

2019 年 5 月 15 日

于上海徐家汇